ÉTUDE

SUR LA

LÉGISLATION DES NOMS PATRONYMIQUES,

PAR

M. A. DE TOURVILLE,

AVOCAT A LA COUR IMPÉRIALE DE PARIS.

PARIS,

IMPRIMERIE DE V. GOUPY ET Cᵉ,

RUE GARANCIÈRE, 5.

—

1865.

CONFÉRENCE DES ATTACHÉS.

Séance du 12 Décembre 1864.

PRÉSIDENCE DE M. BRIÈRE-VALIGNY,

Docteur en droit, Avocat général près la Cour impériale de Paris.

Monsieur l'avocat général,

Messieurs,

Un choix trop bienveillant m'avait désigné à l'honneur d'inaugurer vos travaux de cette année par ce qu'on appelle d'un nom bien propre à effrayer mon insuffisance, un discours de rentrée. Quand je reportais mes souvenirs vers le passé, déjà si plein, de cette Conférence, je comprenais à la fois tout le prix et tout le péril de cette désignation indulgente; je sentais trop bien le danger de comparaisons inégales, le droit que mes devanciers vous avaient donné d'être sévères, le devoir qu'ils m'imposaient d'être timide. Une circonstance imprévue m'a empêché de répondre à l'appel, à la fois honorable et redoutable, qui m'avait été fait : vos travaux ont été plus dignement inaugurés par des voix mieux autorisées. Je vous demande donc la permission de vous apporter bien plutôt qu'un discours de rentrée une simple étude, qui réclame l'hospitalité accoutumée d'une de vos séances. Bien rapidement tracée, elle a besoin, pour trahir devant vous avec tant de témérité ses imperfections primesautières, de la double et sympathique assurance que j'ai toujours trouvée ici. Comment ne pas s'enhardir aux conseils et à l'indulgence du magistrat, qui nous fait si libéralement part de son temps, de ses lumières, de son intérêt acquis à tous les efforts laborieux? Comment ne pas prendre confiance aussi devant des juges dont quelques-uns veulent bien être encore des amis, et chez qui les justes droits de la critique peuvent s'adoucir de tous les tempéraments ingénieux de l'amitié?

I.

Le sujet proposé aujourd'hui à mon étude et à la vôtre, Messieurs, est digne d'ailleurs de vous retenir quelques instants. C'est la législation des noms patronymiques. Vous savez comment elle rentrait, dans ces derniers temps, en possession de l'attention publique trop longtemps distraite. Le ministère public, rétabli,

par une loi récente [1], dans toute l'énergie de pouvoirs
autrefois dédaignés, eut à réprimer toutes les usurpations de noms et de titres, dont le mensonge avait été
abandonné à la justice inoffensive du ridicule. Ces recherches vigilantes, ardentes peut-être, et où le souci
du devoir (disons-le à demi-voix) toucha parfois à
l'âpreté de bien faire, eurent le secret de surprendre
l'intérêt de tous. La curiosité s'y appliqua de toutes
parts, sous quelqu'une des formes qu'elle sait si ingé-
nieusement varier. Elle piqua la satisfaction orgueilleuse
des uns, fiers de se sentir au-dessus des atteintes, pro-
voqua le mépris systématique des autres (les méchants
assurent qu'ils avaient été frappés), éveilla l'inquiétude
mécontente de ceux-ci qui sans doute se croyaient me-
nacés, et enfin occupa à loisir l'attention maligne de
ceux-là qui, spectateurs désintéressés, ne se sentaient
distraits par aucune préoccupation personnelle du plaisir de voir, sans danger, humilier les vanités d'autrui.
Grâce à Dieu, il y avait place encore pour un autre
genre d'intérêt ; et tandis que d'autres s'abandonnaient
à leur ressentiment douloureux ou à leur joie imperti-
nente, nous, en jurisconsultes, nous nous attachions
sérieusement au principe lui-même, à ce grand principe d'ordre public qui veut que chacun accepte honnêtement, sous son nom, la responsabilité de sa vie, et
ne déserte point sa famille. En même temps, des procès
de famille à famille où l'on se disputait le dernier éclat

[1] Loi du 28 mai 1858, portant modification de l'art. 259, c. p.

d'un grand nom qui finit, occupaient les esprits. Le double prestige de la gloire et du passé pouvait y attacher plus vivement quelques curiosités patriciennes ; l'espoir d'un scandale de bon ton pouvait y retenir quelques frondeurs délicats. Mais, à juste titre, le grand nombre (et cette fois, c'est vous louer que de dire que vous suiviez le nombre) s'intéressait au sort d'un principe universel de propriété héréditaire engagé dans ces luttes, et dont la défaite eut menacé tous les noms de bon aloi, du plus humble au plus illustre. Le nom, en effet, « cette petite propriété syllabique qui est telle-« ment à une race que rien ne peut la lui enlever [1], » cette partie toute personnelle et intime du patrimoine de la famille, cette propriété de toutes les propriétés la plus sainte, la plus pieuse, la plus désintéressée et la plus noble aussi, ce signe aimé de toutes les affections, ce symbole touchant de toutes les espérances et de tous les souvenirs, cette histoire vive et brève de tout ce qui nous est cher, cet *autre nous-mêmes*, veut être chez tous défendu jalousement, dégagé de toute solidarité compromettante, et protégé du péril des usurpations étrangères. La propriété et l'hérédité du nom sont le meilleur témoignage du respect de la famille, chez les peuples où elles ont été sincèrement inscrites dans les lois et où l'on a eu à cœur de les maintenir dans les mœurs ; et voilà pourquoi votre curiosité se prenait à ces débats où elles étaient engagées, et s'intéressait

---

[1] Le président de Brosses, *Du mécanisme des langues*, t. II.

d'un intérêt généreux à leur dénouement, cherchant à pressentir quelle fortune était réservée chez nous à un principe d'un sens moral si élevé. En vous parlant des noms, Messieurs, je ne veux pas l'oublier, et je chercherai dans cette étude, non les côtés qui égayent une malice frivole, mais ceux qui provoquent une curiosité meilleure.

L'étude de la législation des noms ouvre devant nous un champ très-vaste; et quelle que fut votre bonne volonté à me suivre, nous ne saurions le parcourir aujourd'hui tout entier. Il faut choisir : l'histoire de la loi m'a ici particulièrement tenté; je voudrais vous dire les diverses fortunes qu'a éprouvées parmi nous l'idée du nom patronymique, m'attachant surtout à signaler à votre attention l'influence que la constitution de la famille, les mœurs privées et l'esprit politique ont toujours exercée sur ces pages capricieuses et mobiles de notre droit.

Il n'en est point, en effet, Messieurs, qui doivent plus fidèlement s'inspirer, et, si j'ose le dire, s'impressionner des mœurs ; il n'en est pas qui puissent recevoir et renvoyer plus exactement leur changeant reflet. Le nom patronymique est l'expression même de la famille ; comment ne serait-il pas ce que sera la famille? Si elle est assez fortement organisée et assez bien liée pour braver le temps sans se dissoudre; si elle a, contre l'oubli, la dispersion et la mort, ces trois ennemis intérieurs toujours actifs à la détruire, la triple énergie d'un mariage respecté, d'une puissance paternelle sé-

rieuse et d'une propriété vraiment héréditaire ; alors
l'instinct populaire veut pour la famille, institution vivace et permanente, un signe vivace et permanent
comme elle : et, puisqu'à chaque foyer où les généra-
tions passent, il y a du moins une histoire qui reste,
des traditions, un esprit, des espérances, une foi, un
patrimoine qui demeurent, il cherche, pour tous ces
biens durables, un nom qui les résume, les couvre et
les protége. Le nom immuable et transmissible est
trouvé ; et nous verrons bientôt cette création prime-
sautière, sortie à la fois de la nécessité, du bon sens et
de la conscience, entrer dans la loi comme un dogme
public. Si, au contraire, un mauvais génie, auquel nos
lois n'ont pas toujours échappé, s'efforce de dénouer un
à un tous les liens naturels de la famille ; si l'on désho-
nore le mariage en lui refusant l'indissolubilité ; si l'on
désarme la puissance paternelle en lui disputant la du-
rée et l'énergie ; si l'on renverse l'économie de la propriété héréditaire ; si, en un mot, on ébranle tout ce
qui promet l'avenir à la famille en lui assurant le respect, tout ce qui lui donne la cohésion en y créant les
traditions et l'affection ; alors, par un contre-coup naturel, l'idée d'un nom patronymique, propriété inviolable
et symbole immuable, s'efface des mœurs et sort bientôt
des lois. Ce nom qui persiste, pour figurer une société
qui passe, est un contre-sens ; c'est une forme vide, et qui
ment à la vérité. Que chacun s'impose, à sa guise, un
nom sous lequel sa fantaisie le désigne aux relations de
chaque jour ; les mœurs et les lois, également satisfaites

de ce peu, abandonnent l'idée plus haute, plus morale et plus noble d'un nom héréditaire, désormais inutile. Les préoccupations politiques mêleront leur empreinte à cette empreinte changeante des mœurs. Le nom, en effet, est à la fois un moyen et un signe d'influence, d'autorité ou de privilége dans le maniement des choses publiques ou le partage des conditions sociales. C'est une sorte de blason universel ; c'est une noblesse, mais une noblesse ouverte heureusement à toutes les classes et accessible à tous les mérites. Il subira les retours de fortune qui ont souvent surpris, chez nous, les supériorités : il sera respecté, quand l'esprit populaire acceptera la loi d'inégalité qui pèse partout sur les hommes ; il partagera ensuite les disgrâces envieuses dont elle deviendra l'objet ; tantôt une recrudescence de la vanité dans nos mœurs, tantôt un retour des dédains égalitaires en altéreront le principe. C'est ainsi, Messieurs, que l'humble étude d'une page détachée de nos lois peut se lier à des études plus hautes, et que l'histoire de la législation du nom patronymique peut trouver, dans sa parenté étroite avec l'histoire de la famille, avec le mouvement des mœurs et la révolution des idées, un intérêt élevé et sérieux.

Cette histoire, pour être complète, veut être commencée avec notre histoire nationale. La législation remonte, en effet, en ce point comme en tant d'autres, à une triple origine ; elle est fille de la domination romaine, de l'invasion barbare et de l'organisation féodale.

II.

La première loi des noms, qui régna chez nous, ne fut point une loi nationale. A cette époque, Rome est maîtresse des Gaules. Une conquête rapide, bien que disputée, lui en a livré plus que le sol ; elle en a dompté l'esprit, elle en domine les mœurs, elle est maîtresse de sa civilisation barbare. Aussi y fait-elle pénétrer facilement le droit et les mœurs de la métropole. « Nation inquiète et « téméraire, toujours avide de nouveautés, » avaient dit les historiens de Rome. Je ne sais si nos aïeux poussaient ce trait de caractère jusqu'à trouver le charme de la nouveauté à recevoir des maîtres, et s'il faut punir Rome de ce jugement malveillant, en l'acceptant, pour diminuer sur son témoignage le mérite et le génie d'une conquête si achevée. Toujours est-il que la Gaule s'était faite romaine : étudier notre loi des noms à cette époque, c'est étudier la loi romaine ; oublions, si vous le voulez, un instant la Gaule, et allons à Rome apprendre cette législation ou plutôt ce trait de mœurs ; car ici tout est confié aux habitudes plutôt qu'aux lois.

Deux mots les résument : propriété héréditaire et inviolable du nom, et, cependant, liberté absolue de changer de nom.

Le premier principe n'est écrit nulle part, mais il éclate partout. Si une vieille familiarité avec l'histoire ne nous avait habitués à suivre sous des noms glorieusement invariables, depuis les premiers jusqu'aux derniers jours de la république , la descendance des grandes familles romaines ; si toute la latinité classique n'était un témoignage persévérant de l'hérédité du nom, nous l'aurions devinée par le droit privé et les mœurs politiques de Rome. Aussi pouvons-nous nous arrêter ici, pour la première fois, à éprouver cette vérité de l'influence de la constitution domestique et de l'esprit public d'un peuple sur sa législation des noms.

Trois choses portaient Rome à établir la perpétuité du nom : le sentiment de l'unité, celui de la perpétuité de la famille, enfin l'instinct aristocratique de son peuple.

Jamais l'unité naturelle de la famille ne fut plus puissamment traduite et organisée par les lois, qu'elle ne le fut à Rome. Cette énergie originale et étrange du lien civil va parfois jusqu'à la plus implacable dureté. Le chef ou père de famille absorbe en lui toute vie et toute autorité au foyer : il est l'unité vivante de la famille; il la personnifie et la résume en ramenant tout à lui. L'enfant, en effet, n'échappe jamais par l'âge à la puissance paternelle, que les Romains tiennent à gloire d'avoir exagérée plus qu'aucun peuple du monde [1]; la femme, réduite au rang d'enfant, vit sous une puissance maritale absolue comme l'autorité paternelle [2];

[1] Gaius, I, 55, 127. *Inst.*, I, 9, § 2; 12, Pr.
[2] *Ibid.*, 108-115, II, 159, III, 3.

dans le patrimoine commun du père viennent se confondre et se perdre les acquisitions laborieuses de chacun[1]. Par cette triple souveraineté sur les personnes et les biens, la famille romaine se relie dans une intime cohésion ; c'est une communauté austère, étroitement maintenue par le gouvernement despotique et l'administration impérieuse d'un seul. Ainsi l'idée de l'unité de la famille, fortement imprimée dans la législation romaine, est, en retour, fortement garantie par elle.

Mais la famille n'est pas seulement une ; elle est impérissable aussi. Le père de famille, par une fiction de la loi, ne meurt jamais. Son héritier relève sa personne, et, en la continuant, il prolonge et soutient la famille[2]. Ainsi la famille ne périt ni ne change, mais prend quelque chose de ce caractère si grand et si fier de perpétuité et d'immortalité ambitieuse, que Rome semble avoir voulu pour toutes ses œuvres et imprimé à toutes ses institutions. La perpétuité légale de la famille, invention hardie des jurisconsultes, si chère aux Romains qu'il y a infamie à mourir sans y avoir pourvu par le choix d'un héritier testamentaire, est en même temps une nécessité religieuse et une convenance politique. Le culte des dieux du foyer, les rites et les sacrifices domestiques veulent, en effet, ne point être interrompus, mais trouver toujours dans la personnalité toujours renaissante du père de famille un

---

[1] Gaius, II, 86-90, 96 ; *Inst.*, II, 9, Pr. Ulp., XIX, 18 ; XX, 10.
[2] Heres sustinet personam defuncti.

prêtre et un gardien [1] ; et le souvenir à la fois politique et pieux, dont on entoure les images des ancêtres
rangées dans l'atrium, doit incessamment veiller au
cœur de quelque serviteur [2]. Voilà pourquoi le droit a
fait la famille impérissable.

Ne nous étonnons pas que Rome ait imprimé cette
dignité, j'allais dire cette majesté, un peu rude, mais
religieuse, à l'idée de la famille. C'est le propre des
peuples qui ont l'instinct aristocratique, de l'interpréter
avec tant d'énergie. Or, quel peuple connut jamais cet
instinct mieux que le peuple romain? Le génie de Rome
est essentiellement aristocratique et épris des vieilles et
lointaines origines. Au temps où fleurit la république,
la plèbe elle-même reste toujours curieuse des grands
noms. Le pouvoir, émané du suffrage populaire, aime
à revenir fidèlement aux mêmes et antiques familles;
et jusqu'à la fin on notera l'homme nouveau, que son
talent fait monter aux honneurs et égale à la longue
illustration du patriciat, fût-il un Cicéron. Nulle part
l'aristocratie, héréditairement mêlée au gouvernement
des choses publiques, n'a été une institution plus ac-
ceptée; nulle part une noble extraction n'a été un titre
aussi incontesté à l'autorité et aux honneurs, si bien
qu'un Jules-César, dans tout l'éclat de sa fortune, cher-
chera pour son nom, dans les lointains poétiques de
l'histoire, je ne sais quelle fabuleuse grandeur, et sem-

---

[1] Cato. *De re rust*, 143. Nieupoort, liv. IV, p. 182, trad. de l'abbé
Desfontaines, éd. 1829.

[2] Dezobry, t. I, p. 135; II, p.404., éd. 1835.

blera se défier de sa gloire, s'il ne la couvre d'un superstitieux respect en rattachant l'antique origine de sa famille aux origines de Rome. C'est, en effet, la grandeur même de la patrie, que le Romain croit voir resplendir dans la grandeur des vieilles familles associées à l'histoire ; et c'est pourquoi, jusqu'à la fin, ce goût et cette recherche d'aristocratie, qu'il nous semble si singulier aujourd'hui de rencontrer dans la plèbe, pourront s'y conserver sans irriter et révolter la fibre des jalousies populaires. Tout le peuple, d'ailleurs, a sa part d'aristocratie ; les liens de la clientèle, en l'affiliant aux grandes familles, l'associent à l'éclat de leur nom ; l'instinct aristocratique est donc, jusque chez le dernier prolétaire, comme une fierté personnelle et une vanité intéressée.

Des lois et des mœurs que je viens, longuement peut-être, de relever, devait sortir, et sortit en effet l'hérédité et la propriété du nom patronymique. La famille, une et permanente, reçut bientôt à Rome son signe, indivisible et impérissable comme elle. Le sens profond de l'unité de la famille trouva dans le langage sa traduction expressive ; et cette traduction fut la communauté du nom à toute la parenté, lien si frêle en apparence, si énergique en réalité. Le souci original de la perpétuité de la famille s'imprima aussi dans le langage ; et, sous son influence, le nom descendit du père au fils et au petit-fils, marquant de sa perpétuité la parenté virile, et servant de signe de ralliement, à travers le temps, à ceux qui étaient du même sang.

Le goût des origines aristocratiques attacha enfin la curiosité et l'intérêt publics à la scrupuleuse conservation des noms, et doubla ainsi d'un respect politique les garanties d'immutabilité qui ressortaient déjà des mœurs domestiques. Seuls dans l'antiquité, les Romains s'élevèrent ainsi à la conception si morale et si haute du nom héréditaire, que n'avait connue aucune des trois autres grandes civilisations antiques, hébraïque, égyptienne et grecque[1]. Le Romain aima son nom patronymique; non pas sans doute que, sous ce droit de famille rigide, impérieux et dur, la place des affections ne fût étroite. L'esprit de famille demeurait vide de toute tendresse, et ne se tempérait d'aucune douceur intime. Mais, s'il ne fut pas affectueux, il fut énergique et fier. Les vertus domestiques furent en honneur à Rome : la frugalité, l'honnêteté, la pureté héréditaire du foyer y fatiguèrent longtemps l'effort de la corruption ; les traditions intérieures y furent persévérantes et respectées ; la gloire des ancêtres y resta l'une des grandes préoccupations ; et, apprenant de bonne heure à admirer les hauts faits de sa race, l'enfant pouvait, par une heureuse illusion, croire que l'orgueil qu'il en ressentait pour les siens était l'amour de la famille. L'hérédité du nom gagna beaucoup à cette affection froide, mais obstinée. Peu à peu l'idée de la

[1] Eusèbe Salverte, *Essai historique et philosophique sur les noms d'hommes, de peuples et de lieux, considérés principalement dans leurs rapports avec la civilisation,* 2 vol. in-8°. Paris, 1824, t. I, § 14, 18 et 20.

famille prit tellement corps dans le nom patronymique, que l'usage fit synonymes le nom et la famille : *nomen, familia* sont choses égales pour un Romain. Il y aurait une curieuse étude à faire sur la fraternité étroite, que contractèrent ainsi les deux expressions et les deux idées [1]. La langue, où se retrouve toujours le spectacle des mœurs, nous apprendrait combien le nom était devenu à Rome le symbole et le gardien de la parenté.

Peu de monuments cependant nous sont parvenus, qui aient trait au nom ; les mœurs suppléaient aux lois. On sait que le nom ne se transmettait pas seulement par la parenté virile, mais que l'on pouvait encore le faire revivre par l'adoption, ou le confier par institution testamentaire, avec son patrimoine, à un héritier chargé d'en soutenir et d'en prolonger l'éclat [2]. Ce n'est pas là le seul témoignage du droit que le Romain avait sur son nom. Claude porta ou renouvela une loi contre les étrangers, qui, à cette époque épuisée où le sang romain ne se renouvelait plus et où les vieilles familles s'étei-

---

[1] Voy. par ex. Suét., *Cæs.* 83. Octavium in familiam nomenque adoptavit. — Plin., *Ep.* VIII, 18. Domitius Afer, qui illos in nomen assumpsit. — Tacit., *Ann.* III, 30. Crispum C. Sallustius in nomen adscivit.

[2] F. 62, § 10, Gaii, Ad. S. C. Trebell., D. 36, 1. « Si vero *nominis ferendi conditio* est, quam prætor exigit, recte quidem facturus videtur, si eam expleverit. Nihil enim mali est, honesti hominis nomen assumere, nec enim in famosis et turpibus nominibus hanc conditionem exigit prætor. Sed tamen si recuset nomen ferre, remittenda est ei conditio, ut Julianus ait, etc..... » Voy. Godefroy, *ad h. l.*

gnaient, croyaient pouvoir en usurper le nom [1]. Le nom, ainsi défendu des usurpations, devait se perpétuer fidèlement : Antonin y pourvut, en instituant des tables ou registres publics où les noms des enfants seraient désormais consignés [2]; l'état civil est une institution déjà vieille en ce monde, qui y peut revendiquer de longs services, et dont les registres paroissiaux de nos curés au moyen âge et les registres institués par la République ne sont pas, comme on le pense souvent, les plus anciennes annales. Enfin, on assure qu'il était interdit au soldat romain de changer de nom [3] : loi sage, dont j'accepterais volontiers la conjecture, tant cette pensée de river le nom du soldat à l'honneur de son courage ou à la honte de sa lâcheté s'inspire bien de l'énergique esprit de la discipline romaine.

Mais, à côté du premier principe d'hérédité et de perpétuité du nom, la loi romaine en pose comme correctif un second, que répudiera la loi moderne mieux inspirée. Le nom forme une propriété inviolable, sans doute, mais il ne s'impose pas à son titulaire et veut être librement accepté. Si l'usurpation par les tiers est interdite, le changement volontaire par le propriétaire est absolument licite, et ne devient répréhensible que s'il est déterminé par quelque intention frauduleuse. Cette

[1] Salverte, § 23.

[2] Julius Capitol. in *Anton*. V; pour plus de détails, Bouchel, *Bibliothèque du droit français*, 3 vol. in-fol. 1671; v° *Baptistère*.

[3] De La Roque, ch. XIV. — Noël, *Essai hist. sur les noms propres*. — Salverte, § 35.

[Cachet de bibliothèque]

liberté de changer de nom, attestée par les textes [1], a
droit de nous surprendre. Quoi ! le même peuple, qui
marque si solennellement dans ses lois l'unité et la perpétuité de la famille, et qui, pour traduire ces principes
dans les habitudes de chaque jour, invente l'hérédité
et la communauté du nom patronymique, se contredira
jusqu'à permettre au citoyen de changer et supprimer
à sa guise le signe où viennent s'exprimer ces deux
idées, jusqu'à souffrir qu'il rompe l'unité de la famille
en en partageant les branches entre des désignations
diverses, et la perpétuité en en divisant l'histoire par
des mutations de nom subites ! Ce peuple, curieux des
vieilles origines, permettra d'en dissimuler ainsi la trace !
Oui, Messieurs, tel est alors le respect professé pour la
liberté privée, lorsqu'elle n'attente pas au droit d'autrui :
l'idée d'ordre public, qui peu à peu envahira les lois
modernes, n'a pas encore commencé de naître. Mais les
mœurs sauveront le nom du péril que cette liberté lui
fait ; et, de même qu'on vécut à Rome cinq siècles sans
qu'un citoyen s'abaissât jusqu'à user de la faculté légale
du divorce, de même on ne verra que rarement, quoi-

[1] L. 1, *De mutatione nominis*, C. 9, 25. « Impp. Diocl. et Maxim.
A. A. et C.C. Juliano. Sicut in initio nominis, cognominis, prænominis
recognoscendi singulos impositio libera est privatis : ita eorum mutatio innocentibus periculosa non est. Mutare itaque nomen vel præ-
nomen, sive cognomen, sine aliqua fraude, licito jure, si liber es,
secundum ea quæ sæpe statuta sunt, minime prohiberis ; nullo ex
hoc præjudicio futuro. S. 15 Calend. Januar. A. A. Coss. » — F. 13,
§ 1. Papiniani, *De lege Corn. de falsis*, D. 48, 10. « Falsi nominis
vel cognominis adseveratio pœna falsi coercetur. »

que ce soit licite, un citoyen renier le nom de ses aïeux
et en chercher un meilleur. Tibère s'indignait quand
ses flatteurs lui donnaient, au lieu de son nom paternel,
le nom de sa mère Livia qui était de plus haute noblesse [1]. Pour que Tibère n'osât trahir la fidélité au
nom de famille, il fallait qu'elle fût bien assurée contre
toutes les désertions par la menace d'implacables mépris. Nous raillons impitoyablement aujourd'hui ceux
qui changent vaniteusement leur nom : il en allait de
même à Rome, et Martial, dans une de ses épigrammes,
nous a laissé le témoignage des moqueries, qui, alors
comme aujourd'hui, faisaient la meilleure sauvegarde
du principe :

> Cinnam, Cinname, te jubes vocari :
> Non est hic, rogo, Cinna barbarismus ?
> Tu, si Furius ante dictus esses,
> Fur ista ratione dicereris [2] ?

Telles furent, Messieurs, les lois ou plutôt les mœurs
romaines ; elles déposèrent au fond de nos instincts
nationaux le goût de l'hérédité du nom. Ce sens paraî-
tra tout à l'heure s'effacer et s'éteindre sous la violence
d'influences contraires, mais demeurera cependant, pour
réagir timidement et lentement, pour ressusciter peu à
peu à mesure que se formera l'organisation moderne,
pour grandir avec elle, et, de jour en jour plus accepté,
la dominer enfin d'une pleine autorité.

[1] Xiphil. ex Dion.
[2] Epigr. VI, 17.

III.

Un jour, en effet, la tradition romaine s'interrompit brusquement sur notre sol. Avec toute la vieille civilisation, la loi des noms s'en allait. L'invasion barbare ébranlait le monde, et le christianisme le renouvelait. Ces deux forces vives, l'une hostile, l'autre indifférente à l'idée du nom de famille héréditaire, brisèrent si profondément la tradition romaine, qu'il nous faudra franchir cinq siècles avant de la voir se renouer.

L'invasion sortie des forêts de la Germanie apportait un principe absolument ennemi du principe romain : le nom, chez les barbares, est essentiellement individuel ; et ce n'est pas là un accident, une habitude sans racine dans les mœurs, qui puisse céder au premier contact de la civilisation romaine et accepter facilement la supériorité des traditions du vaincu. La personnalité du nom est si naturelle à ces races slaves, saxonnes ou teutoniques, et elles s'y entêtent si volontiers, qu'aujourd'hui encore quelques-uns de leurs descendants ont retenu ce trait de caractère originaire. Au commencement de ce siècle, on assure que les paysans de la Courlande et les habitants des parties les plus reculées de la Suède et de la Norvége ne s'étaient point encore laissés gagner à l'usage du nom héréditaire [1]. Si nous ne devions limiter nos recherches à l'histoire de la législation française, et si nous pouvions comparer ses progrès durant le moyen-âge aux progrès des autres législations de l'Europe, nous verrions toujours le génie des peuples du Nord et de l'Est s'attarder de plusieurs siècles, en ce point, sur la marche de la civilisation occidentale. Ainsi, tandis qu'au xii⁰ siècle la France, l'Italie et l'Espagne développaient déjà chez elles le principe bienfaisant du nom héréditaire [2], l'Allemagne ne commençait qu'au xiv⁰ son retour plus lent aux traditions romaines [3]; la Pologne ne suivait pas le mouvement de l'Allemagne, et, au xv⁰ siècle seulement, elle révoquait, par une brusque mesure, l'habitude encore souveraine et universelle chez elle du nom individuel [4]. Au xvi⁰ siècle, les grandes familles suédoises avaient, par une singulière contradiction, institué chez elles l'hérédité du blason avant d'accepter celle du nom; et, quand elles voulurent, cédant enfin à la mode établie par toute l'Europe, parer leur barbarie de cet ornement jusque-là méprisé, elles n'imaginèrent rien de mieux que de traduire dans la langue les figures peintes sur leur blason héréditaire, et cette traduction devint le nom de

[1] Discours du conseiller Miot sur la loi du 11 germinal an XI. — Eus. Salverte, I, § 46.

[2] *Ibid.*, § 44 et 38 *in fine.* — Fallot, *Rech. sur la langue française au xiii⁰ siècle*, ch. IV. — Mabillon, *De re dipl.*, lib. II, c. VII, § 6. — Chéruel, *Dict. de la France*, v⁰ *Nom.*

[3] *Ibid.*, § 45.

[4] *Ibid.*, § 38.

leur maison [1]. Enfin, au XVIIe siècle, les nobles n'avaient pas de noms de famille en Russie, et l'histoire marque à la date récente de 1681 l'événement qui les engagea à en emprunter l'usage : ne parlons pas du paysan russe ; on imagine qu'il ne se permettait pas d'être plus civilisé que son seigneur [2].

Un trait de mœurs si obstiné vaut la peine de s'y arrêter un instant et d'en rechercher les causes, au moment où l'invasion va l'introduire, pour la première fois, sur notre territoire. Ici, encore, le secret est tout entier dans une parenté nécessaire entre les mœurs de la nation et ses principes en matière de noms. Chez les bandes barbares qui apportaient en Gaule l'usage du nom individuel, il y avait une passion d'indépendance indomptée qui ne souffrait rien de fixe, d'obligatoire et de durable, ni dans la société publique, ni dans la société domestique. Or le nom indique une organisation sévère qui maîtrise l'homme par certains liens, une discipline qui le soumet à l'association, un souci d'avenir qui lui inspire d'attacher à son souvenir un signe immortel. Rien de tout cela, ni dans la tribu, ni dans la famille. La tribu, qui vit d'aventures et n'a de lendemain que celui qu'elle se fera par la force et la conquête, n'a aucun souci d'organisation intérieure ni d'avenir national. Sans traditions et sans but, elle marche

---

[1] Eus. Salverte, I, § 46. — De La Roque, *Traité de l'origine des noms*, ch. IX, p. 21 et 22.

[2] Lévêque, *Hist. de Russie*, t. III et IV. Salverte, § 38.

au gré de sa fortune nomade, va selon son caprice et
se gouverne au hasard, sans rien arrêter ni fonder jamais. Elle a tout enfermé dans la jouissance de la liberté
présente ; et, si elle songe à l'avenir, ce n'est que pour
souhaiter d'avoir toujours devant elle des terres nou-
velles à envahir et des ennemis inconnus à piller [1].
Dans cette éducation sauvage, l'homme n'a aspiré aucun instinct d'organisation, aucune pensée de perpétuité. La Germanie de Tacite nous le représente bien,
isolé pour être libre, nomade pour être indépendant [2].
Non-seulement le nom, mais la famille même ne peut
se fonder sincèrement. La propriété héréditaire, première assise de la famille, est inconnue [3] ; chacun ra-
masse ce qu'il peut de butin, et, quand il l'a dépensé
dans un repos passager, il retourne au pillage jusqu'à
ce que la mort le surprenne refaisant, pour une halte,
ce patrimoine d'un jour qui ne lui survivra pas. Ainsi
le sol manque à la famille : les lois la trahissent aussi.
Quand l'âge de manier les armes est venu, à quatorze
ans, l'enfant devenu homme est émancipé : le jour où
il prend l'épée l'affranchit de la puissance paternelle
et le jette hors de la famille. Il y a trop peu vécu pour
en garder l'empreinte et en perpétuer les traditions. La
famille s'enferme donc dans le cercle étroit et présent
du mariage, s'ouvrant seulement de loin en loin pour

[1] Tacit., *De morib. Germ.*, 11, 12, 14, 16, et passim. — Mela, III, 3.
« Jus in viribus habent. »
[2] Tacit., *Ibid.*, 16. Cf. Cœs., *De bell. Gall.*, VI, 23.
[3] Cœs., VI, 22. Tacit., 26 et 14 *in fine*, 31, etc.

recevoir l'enfant comme un bref dépôt; et encore le mariage peut-il être rompu par le divorce.

Comment, dans cette organisation sauvage, la tribu nomade aurait-elle pu consacrer, par l'hérédité du nom, la perpétuité de la famille? Cette perpétuité est un dogme inconnu pour elle; ses instincts ne le lui ont pas révélé; ses lois n'ont rien fait pour l'instituer. Un nom héréditaire, religieusement transmis des ancêtres aux petits-fils, y serait une contradiction.

Aussi le nom est purement personnel. Chacun l'emprunte aux qualités qu'il fait éclater ou qu'on lui souhaite de faire éclater avec le plus de force. La vigueur, la bravoure et l'audace, ces vertus du champ de bataille, y sont en général exprimées; parfois aussi, mais plus rarement, ces qualités plus calmes qui font l'homme de gouvernement et de conseil. Chez les Franks, selon la loi salique, la famille se réunit le neuvième jour après la naissance, et choisit le nom qu'on imposera à l'enfant [1] : s'il s'agit d'un fils de prince, les grands sont convoqués pour ce choix, qui intéresse, comme une sorte d'augure public, toute la nation; c'est ainsi que Grégoire de Tours nous représente les grands de Neustrie se réunissant pour nommer le fils de Chilpéric, et l'appelant Chlotaire [2]. Ces coutumes, rapidement acceptées en Gaule, nous sont aujourd'hui familières, grâce à l'admirable sagacité avec laquelle Augustin Thierry et son école se sont appliqués à restituer les noms

---

[1] Loi salique, tit. XVI, § 5. Chéruel, *l. cit.*

[2] Grégoire de Tours, liv. VII, ch. VII. « Chlotarium vocitarunt. »

franks dans leur forme primitive et leur sens expressif [1].

A côté des coutumes frankes, le christianisme, nou-
veau-venu aussi dans les Gaules, travaillait en même
temps à faire oublier l'habitude du nom héréditaire;
non point certes qu'il fut hostile à l'idée de la famille :
on sait, au contraire, combien il l'a restaurée, ennoblie
et transfigurée, en posant sur elle le sceau de ses dogmes;
l'austérité chrétienne a sauvé la famille qui s'en allait
périr sous les corruptions païennes. Et toutefois, il est
certain que le christianisme a contribué à interrompre
chez nous l'usage du nom patronymique.

Le nom de baptême, qui différera du nom de famille
et sera choisi lors de l'administration du sacrement, deviendra bientôt, en effet, sous l'action de l'Église nais-
sante, le nom principal et usuel de chacun. C'est le nom
préféré, sous lequel l'Église reconnaît ses fils et les désigne dans la vie religieuse. Or comment la vie civile,
alors si voisine de la vie religieuse, ne lui en emprun-
terait-elle pas l'usage? Le christianisme, en effet, rem-
plit de son influence la vie civile, que la chute de l'organisation romaine a laissée comme vacante; ses évêques,
par la force des choses, seuls représentants d'un pouvoir qui se tienne, attirent à eux la confiance et la juridiction temporelle inoccupée; l'Église est un lieu de
réunion pour les citoyens que rien ne rallie plus; la
communauté chrétienne est le refuge ouvert à l'esprit

[1] Aug. Thierry, *Lettres sur l'hist. de France*, App. I et II. — *Dix
ans d'études hist.*, XVIII.

municipal qui ne veut pas mourir. Aussi, dans ce rap-
prochement intime de la vie politique et de la vie religieuse, le nom religieux sera bientôt le nom civil. On
s'est salué, comme frères, dans l'Église, sous le nom du
baptême; comment ne se saluerait-on pas du même
nom, comme citoyens, sur le parvis et la place publique? L'évêque, comme magistrat, donnera-t-il à ses
justiciables un autre nom que celui dont il a accoutumé
de les nommer comme évêque? Les actes publics, les
registres de la cité sont déposés à l'église; y lira-t-on
d'autres noms que les noms pieusement consacrés par
le baptême? Ce nouvel usage, merveilleusement d'accord avec l'esprit d'universelle égalité dans lequel le
christianisme veut unir toutes les races, mêler toutes
les civilisations et confondre tous les rangs, répond
d'ailleurs par une secrète harmonie aux nécessités de
la société nouvelle. Le nom de baptême, en effet, convient à tous; le nom patronymique est exclusif à quelques-uns. Si le Romain en connaît l'usage, le Germain
ne le connaît point; si le noble et l'ingénu peuvent dire
le nom de leur aïeul, l'esclave et le colon ne le peuvent
point. Or l'Église, qui baptise indistinctement toutes
les races et réhabilite toutes les conditions, substitue à
ces discordances et à ces inégalités jalouses des législations l'usage unique du nom de baptême. Ce sera
d'abord le pieux témoignage de l'esprit d'égalité et de
fraternité chrétiennes; ce deviendra bientôt la coutume
nécessaire à une société mêlée, où, dans l'étroitesse in-
suffisante de toutes les législations et la confusion de

toutes les origines, l'usage chrétien, universellement applicable à tous, sera le seul possible et le seul accepté [1].

Mais, au milieu même de sa décadence, précipitée par de si puissantes causes, le principe romain gardait encore comme un reste d'énergie, et ne semblait pas

[1] V. Mabillon, *De re dipl.*, l. II, c. VII, § 7. — Quelquefois sans doute le nom se donna avant le baptême, puisque le baptême ne fut conféré dans l'origine qu'aux adultes. Mais, en ce cas-là même, on le choisissait en vue du baptême et sauf à en ratifier alors solennellement le choix. Cf. Grég. de Tours, liv. VIII, *in pr.* et liv. X, c. XXVIII. — Le nom ainsi choisi n'était pas d'ordinaire le nom de famille. L'Église, de bonne heure, invita les fidèles à se mettre sous l'invocation des saints : S. Chrysost., homél. XIII, *in Epist. ad Cor.*; S. Grégoire, *Sacramentaire; Acta sincera martyrum*, IV, p. 557; Dadin de Hauteserre, *Notæ in Greg. Tur.*, l. V, p. 204 : « Adulti in baptismo « plerumque nomen mutabant, et nomen sanctorum eis imponeba- « tur. » Le nom de baptême devint si bien le nom civil et si exclusivement la désignation usuelle de chacun, que l'on rencontra des personnes n'ayant aucun nom avant le jour de leur baptême, en sorte qu'on ne savait jusque-là comment les désigner. La femme de Bernard, duc de Septimanie, écrit à son fils aîné, pour lui recommander son second fils emmené à la guerre par le duc avant que d'être baptisé : « Fratremque tuum parvulum, *cujus modo inscia* « *sum nominis, quum baptismatis in Christo (non) acceperit gra-* « *tiam*, insinuare, nutrire, amare, ac de bono in melius provocare « non pigeas. » — L'usage de faire dépendre le nom civil du nom choisi au baptême se retrouve au IXe siècle (Mabillon, en parlant du fils de Charlemagne, dit que : « Cum per baptismatis sacramentum « renovari contigit, Ludovicum vocitari patri placuit »); au Xe (Flodoard dit, à la date de 945, en parlant du fils de la reine Gerberge : « Qui Carolus ad catechizandum vocatus est »); et même au XIIe, lorsque renaissent déjà les noms patronymiques (Mabillon cite le cartulaire de saint Martin des Champs pour l'année 1096). — Cf. Salverte, § 31.

mort tout entier. Tandis que dans le nord de la Gaule
on adoptait sans réserve l'usage barbare, au sud de la
Loire on demeurait, par certains côtés, Romain. On y
conservait l'usage d'avoir trois noms, cet usage si romain que, pour Juvénal, *tria nomina habere*, porter les
trois noms, cela voulait dire : être Romain [1]. C'était donc
toujours la vieille consonnance latine et le luxe traditionnel des trois noms. La piété filiale y avait retenu aussi
comme un vestige de l'hérédité romaine. Ce n'était plus
sans doute l'austère et religieuse fidélité au nom de famille, telle que Rome l'avait connue ; cette transmission
rigoureuse avait cessé, elle n'était plus une loi de la société nouvelle. Mais du moins, le fils aimait à reprendre,
parmi ses trois noms choisis arbitrairement, l'un de ceux
qu'avait portés son père ; à son tour, le petit-fils s'attachait au même pieux souvenir [2] ; et cette hérédité du

---

[1] Sat. V, 126.

[2] Mabillon, *De re dipl.* l. II, c. VII, § 2 : « Hæc, apud Gallos qui
« Romanis moribus vivebant Transligeranos, jam inde ab ineunte
« Francorum principatu..... Apud Francos Neustrasios, unum passim
« nomen obtinebat. » — Sirmond, *De propriis nominibus mediæ ætatis*, t. I, de l'éd. de ses œuvres, Paris, 1696. Le P. Sirmond, après
avoir exposé ce qu'étaient devenus, à cette époque, les noms de famille, résume ainsi son traité : « Denique non alia in posterioris ævi
« nominibus norma quærenda est ; neque enim certa et stata, ut olim,
« generis ac familiæ vocabula in usu tunc fuerunt, quæ et fratribus
« communia essent et ad posteros transirent... Hoc neglectum est.
« Adeo ut nullum tandem familiæ, nullum gentis certum nomen fue-
« rit, filii etiam a patribus et fratribus inter se, omnibus sæpe no-
« minibus aut fere omnibus, discreparent... Cæterum, in hac ipsa
« nominum usus varietate, hoc nihilominus quod dixi observabant,

nom, inspirée par l'affection, imitait parfois assez l'hérédité romaine pour que, à ne consulter que les apparen-
ces, l'invasion et le christianisme parussent n'avoir rien
changé. La réalité n'y était plus cependant. Mais n'est-ce
pas un accident curieux de cette histoire, et qui confirme
bien les observations de l'histoire générale, que de voir,
au sud de la Loire, survivre à tant de causes les appa-
rences, sinon la réalité, de l'usage romain? Il en va ainsi
de toutes les institutions romaines. Tandis qu'au premier souffle de l'invasion elles meurent au nord de la
Gaule, le ciel du midi leur est plus hospitalier, et, en
dépit de toutes les rigueurs des barbares, elles y per-
sistent plus ou moins ; dans ce sol pénétré de l'influence
plus prochaine de Rome, elles avaient jeté de plus te-
naces racines. Le centre des Gaules retint toujours
quelque chose des instincts policés de la métropole, et
eut de meilleure heure les goûts d'une civilisation mûre.

Ainsi, jusqu'au XIᵉ siècle, la Gaule fut partagée ; au
sud, il resta un souvenir de l'usage romain ; au nord,
tout fut franchement barbare, on n'y eut qu'un nom,
et ce nom personnel dépouilla tout aspect romain pour
revêtir la rudesse germanique.

« ut ea fere omnia aut pleraque a consanguineis cognatisque desu-
« merent, nonnulla etiam tanquam familiæ usitatoria crebrius itera-
« rent... Ut rem paucis concludam, mediæ ætatis nominum duplex
« quodammodo lex fuit : una, ut proprium cujusque nomen ulti-
« mum in locum conjicerent ; altera, ut tum proprium tum cætera,
« interdum quidem aliunde pro arbitrio, ut plurimum vero a pro-
« pinquis affectibus deducta, imponerent. »

IV.

Mais, vers le xie siècle, un usage nouveau se leva, qui
effaça sous son unité cette antinomie. Les plus mauvais
jours de désorganisation profonde, d'anarchie obscure
et confuse sont passés. Au sortir de ces épreuves vio-
lentes des cinq premiers siècles de notre histoire, la
société commence à se régler. La révolution prolongée
qui a divisé et morcelé à l'infini les existences, les oblige
maintenant à se rapprocher, à se réunir, à s'allier pour
pourvoir à la défense et au bien-être communs. La famille est, de toutes ces petites sociétés, la première qui
reparaisse dans cette organisation du désordre. Comme
elle est la loi naturelle de l'homme, c'est à elle qu'il
revient d'abord lorsqu'il cherche autour de lui une con-
solation sympathique à ses douleurs, une énergie intime
dans ses découragements : les douleurs et les découragements ne manquaient pas alors. Aussi, tandis que la
société fait l'essai du système féodal et tente une recons-
titution politique, voit-on le sentiment de la famille renaître, la famille reprendre ses traditions, retrouver ses
assises et reconquérir son influence intérieure. Ce n'est
pas seulement alors la résurrection de la famille, c'est en
même temps la restauration de la propriété. Cette singulière hiérarchie de droits et de devoirs qu'on appelle
la féodalité, qui commence orgueilleusement au grand
vassal pour finir humblement à l'homme de la glèbe, et

qui enferme dans ses liens la société entière, lie irrévo-
cablement chacun au sol qui l'a vu naître : la condition
des terres, autrefois précaire, est aujourd'hui arrêtée
et immobile. Le sentiment de la propriété s'agrandit et
s'exalte, à cette époque où l'on n'a plus d'existence politique sans posséder la terre. La propriété terrienne
forme la noblesse : la noblesse devient la force vive de la
nation. La fidélité héréditaire au souvenir, le culte des
traditions domestiques, l'amour de la race se dévelop-
pent, avec une énergie encore inconnue, chez le seigneur
féodal, qui, dans sa vie isolée, étroite, monotone, hautaine et fière, toujours replié sur lui-même, ne songe
qu'à soi et aux siens, et, ne rencontrant dans ses vassaux
et ses serfs ni son égal ni son semblable, en estime plus
haut sa naissance. Le sentiment de la famille, l'hérédité
de la propriété, l'instinct aristocratique avaient produit
à Rome la propriété et l'hérédité du nom : sous l'effort
de ces trois forces renaissantes, les noms aussi vont
renaître.

C'est au xie siècle, en effet, que nos vieux auteurs,
Du Tillet, Matthieu, Mézeray, Duchesne, Mabillon, De
La Roque, Chérin et tant d'autres que j'omets ou que
j'ignore, marquent le premier retour aux noms héréditaires [1].

[1] V. De La Roque, ch. VI, p. 14. Matthieu, Duchesne, Du Tillet,
Mézeray, cités par De La Roque, *cod. loco.* — Mabillon, *De re dipl.*,
lib. II, c. VII, § 6. — Chérin, *Abrégé chronol. d'édits relat. au fait de
noblesse*, préf., p. 16. V. aussi Salverte, t. I, § 32, p. 229. — Chéruel, *Dict. de la France*, v° *Nom.* — Gustave Fallot, *Recherches sur la
langue française au* XIII° *siècle*, ch. IV, publ. par Ackerman, 1839.

Déjà au nom de baptême on avait pris l'habitude
d'ajouter un surnom ; les noms de baptême, peu nombreux, devenaient insuffisants dans une société qui se

« Les chartes en langue vulgaire, dit ce dernier écrivain, depuis le
« milieu du XIIe siècle jusque dans la deuxième moitié du XIIIe, pré-
« sentent cette particularité digne d'une grande attention, qu'on y
« voit naître et se former les noms de famille de notre société ; on
« y peut suivre l'arrangement et les progrès de notre organisation
« civile sous ce rapport. — Il paraît que d'abord... les noms de
« baptême se substituèrent peu à peu aux noms individuels des Bar-
« bares et des Latins... Ce ne fut qu'à la longue, et par suite de di-
« verses causes, au premier rang desquelles il faut compter la fré-
« quente confusion qui naissait de ce qu'on avait donné le même
« nom de baptême à un grand nombre d'hommes, que s'établit l'ha-
« bitude de joindre au nom de baptême du fils le nom ou le surnom
« du père, et de le conserver à la famille et à sa descendance. Ces
« noms, ainsi ajoutés au nom de baptême, devinrent les noms pro-
« pres de la famille ; les noms de baptême ne servirent plus que
« comme prénoms individuels, pour distinguer les individus de
« chaque famille. — Or il y a lieu de croire que ces noms de famille
« ne sont pas nés chez nous et n'y ont pas eu leur première origine
« avant le milieu du XIe siècle, puisqu'environ cent ans après et bien
« plus tard encore, on les voit s'étendre dans les provinces reculées
« et se former pour les classes inférieures de la société, et que,
« jusqu'au delà de la fin du XIVe siècle, il n'est pas rare de voir figu-
« rér, dans les documents, des vilains ou des villageois qui n'ont
« d'autres noms que leurs noms de baptême. La formation des
« noms de famille ayant eu lieu dans des temps dont il nous reste
« des documents nombreux, il n'est pas très-difficile de démêler
« leur origine, de remonter aux causes de leur formation, et de dire
« avec quelque précision comment ils ont été composés. — Ainsi
« les noms de famille, dans la langue française, se peuvent rappor-
« ter en général à trois ou quatre causes principales, qui sont :
« — 1º Les noms de lieux, de fiefs, de terres et de domaines. Ces
« noms ont été employés les premiers comme noms de famille, parce

multipliait. Montaigne rapporte qu'un de nos anciens
ducs normands, ayant rassemblé sa noblesse et ayant
eu au festin la fantaisie « de la diviser en bandes par

« qu'ils sont ceux que prenaient les grands, les nobles et tous les
« possesseurs de terres, chez lesquels l'usage des noms de famille a
« commencé. Heumann dit qu'ils ont passé à cet usage vers la fin du
« Xe siècle ou vers les premiers temps du XIe (*De re dipl. imperat.*,
« § 27, t. I, p. 17). Schannat les fait naître comme noms de famille
« vers le commencement du XIe siècle (*Buchonia vetus*, c. III, p. 329.
« Cf. pour plus de détails : Mabillon, *De re dipl.*, II, c. VII, § 2 et
« seqq; Muratori, *Ant. Ital.*, t. III, diss. 41 et 42). On sait assez que
« c'est de ces noms de terre que sont dérivés chez nous, non-seule-
« ment tous les noms des grandes maisons, mais encore, depuis, à
« leur imitation, une foule de noms de petite noblesse ou de bour-
« geoisie. — 2° Les surnoms ou sobriquets, dérivant du nom d'une
« profession exercée par le chef de la famille, ou d'une particularité
« de conformation corporelle, d'un trait de beauté, d'une difformité
« ou de mille autres particularités. Ces noms de famille, dérivés de
« surnoms ou sobriquets, ont été communs surtout dans la bour-
« geoisie des villes. On les y voit encore se former au XIIIe siècle. —
« 3° Les noms de baptême ou prénoms, qui passaient à la valeur de
« noms de famille et restaient ainsi fixés, soit dans leur forme pri-
« mitive, soit au moyen de diverses flexions finales, etc. Ce sont là
« principalement chez nous les noms des villageois, des serfs, des vi-
« lains et des basses classes du peuple. Ces noms de famille ont com-
« mencé seulement à naître dans le XIIIe siècle et sont, par conséquent,
« les derniers formés. — 4° Enfin il reste un certain nombre de
« noms de famille français, anciens, qui semblent ne pouvoir se
« rapporter à aucune de ces trois catégories différentes. La plupart
« dérivent ou de noms de lieux défigurés ou d'anciens noms germains
« et gallo-romains qui, plus ou moins altérés, sont cependant encore
« reconnaissables. Tels semblent être les noms de famille : Albert,
« Aubert, Arnould, Berthier, Chamfort, Hugo, Joubert, Marivaux,
« Roux, Siéyès....., et tant d'autres analogues. Cf. K. D. Hüllmann,
« H. E. III, 3, p. 45. Wiarda, Th. I, § 22, p. 42 et seqq.). »

la ressemblance des noms, en la première troupe
qui feut des Guillaumes, il se trouva cent dix che-
« valiers assis à table portants ce nom, sans mettre en
« compte les simples gentilshommes et serviteurs [1]. »
A cette confusion inextricable, notre esprit, toujours
observateur et railleur, avait un remède tout trouvé, le
sobriquet. Mais le sobriquet n'était point héréditaire.
Chacun méritait le sien. Hugues Capet, « ainsi nommé,
« dit le naïf De La Roque, pour le bon sens et l'esprit qui
« résidaient en sa tête [2], » était fils de Hugues le Blanc,
petit-fils de Robert le Fort. Ainsi à chacun le sien.
Toutefois le surnom fut pris bientôt du nom du lieu où
résidaient les seigneurs. L'hérédité des fiefs fixait les
mêmes familles aux mêmes lieux. Peu à peu se perpé-
tua ainsi, à côté des noms variables du baptême, le
nom toujours semblable du fief. C'était un surnom qui
renaissait de lui-même. On s'y attacha, on s'y habitua
insensiblement ; et, avant qu'on n'y eût songé, les noms
héréditaires se trouvaient ainsi créés pour la noblesse.
Les nobles comprirent vite l'utilité qu'ils pourraient re-
tirer du nom héréditaire emprunté à la terre, pour
signaler et affirmer la puissance de leur famille. Les
croisades contribuèrent d'ailleurs à les y attacher. Tant
que le noble avait guerroyé autour de son donjon, la
renommée prochaine le désignait assez, trop peut-être,
aux voisins qu'il protégeait ou qu'il pillait ; mais quand
il se trouva perdu dans l'immense confusion des armées

[1] Montaigne, *Essais*, I, 46.
[2] Ch. I, p. 2.

que l'Europe lançait sur l'Orient, il sentit, inconnu et
ignoré dans l'innombrable foule qui l'entourait, combien
il était précieux de porter le signe d'une origine certaine :
du même coup il blasonna son écu, et arbora son nom
héréditaire. Les chartes, où le noble consignait d'ailleurs
ses générosités seigneuriales, devinrent les témoins et
les gardiens du nom. Et ainsi la noblesse commença, en
empruntant le nom du fief, la restauration du principe
d'hérédité [1].

L'exemple descendit bientôt aux classes inférieures.
Du XIIe au XVe siècle, il pénétra les masses et s'abaissa
de rang en rang, jusqu'à ce qu'il eût touché le fond de
la société. L'histoire nous révèle une noble concordance
entre les dates qui marquent le premier et le dernier
progrès de cet usage dans le Tiers-État, et celles où
commence et s'achève l'avénement de cet ordre à la
vie politique. L'affranchissement des communes est le
premier pas des bourgeois vers la vie politique : le
sentiment de leur dignité se relève par cette émancipa-
tion décisive, et sa première efflorescence au dehors est
le nom, dont le bourgeois, rendu à lui-même, décore
fièrement sa vie à l'imitation du seigneur. Il est homme,
puisqu'il est libre; pourquoi n'aurait-il pas son nom ? De
même, quand le Tiers-État, devenu de rien non pas tout
mais quelque chose, achève de gagner l'existence politique en entrant aux États généraux au XIVe siècle, l'u-
sage du nom patronymique, aidé du sentiment de l'in-

---

[1] De La Roque, ch. VII, p. 15; ch. XXIII, p. 35. — Salverte, § 32,
34, 35 et 36.

dépendance et de la dignité personnelles, achève de s'établir parmi lui [1].

Mais, au-dessous du Tiers, le peuple, lui, n'est rien, n'a pas été relevé, ignore sa dignité, et n'ose prendre un nom. Des sobriquets qui passent forment son état civil. Toutefois les sobriquets vont se transformer. L'Église, autrefois, avait indirectement ébranlé les noms patronymiques : elle les restaurera pour lui. Les registres baptistaires et mortuaires des curés arrêtent et fixent en effet ɩe sobriquet fugitif, le ravivent et le renouvellent à chaque génération ; et, en peu de temps, par un bienfait qui s'ignore soi-même, la raillerie qui passe, le trait moqueur qui n'a qu'un instant, deviennent des noms immuables et héréditaires [2].

Quand l'usage eut ainsi gagné toute la société, la monarchie, avec l'instinct si prodigieusement aiguisé qui lui révélait tous les moyens propres à établir l'ordre et la régularité dans le royaume, songea à le fixer. Ces noms qui avaient su se former sans elle, elle ne voulut pas les laisser se transformer sans elle. L'immutabilité du nom devint un principe d'ordre public, le droit d'y déroger un droit régalien. Mais ici, comme partout, la royauté dut conquérir dans des luttes incessantes une autorité incessamment déniée, et ne sortit pas assez clairement victorieuse de ces combats, pour qu'aujourd'hui on ne puisse, avec quelque apparence, lui contester sa victoire douteuse.

[1] Salverte. § 37, 44, 47, et passim.
[2] Chéruel. vᵒ *Nom*.

C'est un fait curieux en effet, Messieurs, et plein de sens, que de toutes les ordonnances où la royauté revendiqua, comme son privilége exclusif, le droit de permettre les commutations de nom, aucune n'ait jamais pu vivre. Henri II, dit-on, donna à Amboise, le 26 mars 1555, une ordonnance, où, « pour éviter la supposition « des noms et des armes, défenses étaient faites à toutes « personnes de changer leurs noms et leurs armes, sans « en avoir obtenu des lettres de dispense et permission, à « peine de 1,000 livres d'amende, d'être punis comme « faussaires et être exauthorés et privés de tout degré et « privilége de noblesse. » Cette ordonnance, dont chaque jour encore retentissent nos audiences, a-t-elle jamais existé? n'est-elle pas apocryphe? et ne serait-il pas temps de renoncer à en invoquer l'autorité au moins incertaine? Je n'oserais le décider. Et cependant, aucunes archives n'en ont gardé le souvenir [1]; aucun recueil n'en a retenu la trace [2]; les Parlements ne l'enregistrèrent ni ne l'appliquèrent jamais [3]. Elle n'est nulle part; personne n'en a rencontré et n'en peut ci-

---

[1] Elle n'est pas, dit Merlin, aux archives judiciaires (Rép. v° *Promesse de changer de nom*) ; elle n'est pas non plus aux Archives impériales, où des recherches récentes n'ont pu la faire découvrir (Lettre de M. le comte de Laborde, directeur des Archives, du 27 février 1860 ; cette lettre nous a été communiquée par le magistrat auquel elle a été adressée.)

[2] La collection du Louvre s'arrête avant 1555. Mais ni le recueil d'Isambert, ni ceux de Néron, de Guénois, de Fontanon, etc., ne la mentionnent en aucune façon. Bouchel et Brillon, v° *Nom*, la passent sous silence.

[3] De La Roque ne cite l'ordonnance que comme enregistrée à la

ter le texte authentique. Montaigne, son contempo-
rain, résume la législation du temps par cette question
sceptique : « Qui donc empesche mon palefrenier de
« s'appeler Pompée le Grand[1] ? » Un autre parle de
ces *changeurs de noms* qui « commettent une ingrati-
« tude merveilleuse, car ils frustrent indignement l'in-
« tention de ces bons pères qui amassent leur bien en
« grand travail, afin de conserver vraysemblablement
« le nom de leur famille ; » et, cherchant comment on
pourrait *réfréner ceste ambition*, il ne rencontre pas
dans les lois du temps la problématique ordonnance[2].
Moins d'un siècle après, Loiseau, dans son *Traité des
Ordres*, proteste doctement et au nom de l'ordre public contre les commutations arbitraires de nom, mais
n'invoque point davantage l'ordonnance[3]. A la fin du
xviie siècle seulement, quelques révélateurs inattendus

Cour des aides et finances de Normandie, le 23 avril 1556 (*De la Noblesse*, p. 384). Or cet enregistrement prétendu, le seul dont s'ap-
puie l'opinion qui persiste à invoquer l'ordonnance de 1555, n'a
jamais eu lieu, comme l'ont établi avec la dernière évidence des recherches faites tout récemment et avec le plus grand soin dans les
archives de la Cour des aides et finances de Normandie. (Lettre de
M. Gosselin, commis-greffier, archiviste de la Cour de Rouen, du
6 février 1865.) Ainsi la seule autorité originale invoquée par De La
Roque, et après lui par ceux qui ont suivi son opinion, est con-
trouvée. Comment dès-lors invoquer encore l'ordonnance?

[1] *Essais*, I, 46.

[2] Etienne Tabourot, *Bigarrures du seigneur des Accords*, 1584 ;
*Lettre sur les changements de nom à François Mareschal, secrétaire
de la chambre du roi, et élu des états de Bourgogne.*

[3] V. *Ordres*, ch. XI.

mettent tout-à-coup au jour cette loi[1] si longtemp
ignorée, mais en se citant les uns les autres avec une
autorité au moins douteuse. Louis XIII, à son tour,
tente d'affirmer ce droit de si mauvaise fortune[2] ; l'ordonnance de 1629, où il le revendique, meurt en nais-
sant devant les résistances parlementaires, et ne peut
arriver à l'honneur et à la sanction de l'enregistrement[3].

Toutefois la royauté gagnait d'un côté ce qu'elle ne
pouvait conquérir de l'autre. Le fait suppléa le droit.
Les rois accordèrent des lettres-patentes de commutation de nom, et se mirent ainsi en possession du privilége qu'on leur contestait en principe. Louis XI, le
premier, en donna l'exemple. On a de lui deux monuments, qui sont les vraies origines du pouvoir régalien en ce point. Des lettres, datées de Boutigny, août
1474, permettent à Me Jehan Decaumont de s'appeler
à l'avenir De Caumont. Ce texte est fort curieux, et je
regrette de ne pouvoir vous le lire. Jehan Decaumont,
quoique notaire royal, ne peut signer d'un trait son

---

[1] Ce sont De La Roque, ch. XXX; après lui et d'après lui, Denizart. v° *Nom*, Chérin, *Abrégé chronol.* (édit. 1788, p. 44), et Hen-
rion de Pansey, *Répert. de Guyot*, 1784, v° *Nom*.

[2] Code Michaud de 1629, art. 214.

[3] Le Recueil d'Isambert nous montre l'enregistrement s'arrêtant
à l'art. 75 ; aussi l'ordonnance ne fut-elle jamais exécutée en ce qui
concerne le point qui nous occupe (art. 214), voy. Merlin, v° *Promesse
de changer de nom.*—Renauldon, *Dict. des fiefs*, v° *Nom:* « Le mal ne
fit qu'empirer.»—Le Parlement, dans des remontrances du 4 mai 1788,
atteste que jamais l'ordonnance ne fut exécutée. V. Montgaillard, *Hist.
de France*, t. I, p. 393 ;— et le prés. Hénault, *Abrégé chronol.*, année 1629. — La jurisprudence est aujourd'hui fixée en ce sens.

nom. Il est jeune : que sera-ce quand il sera vieux ? Le roi prend en pitié son notaire, et lui octroie de s'appeler en deux mots De Caumont ; la main pesante du notaire pourra, en reprenant par deux fois son courage, achever le grand œuvre de sa signature. Mais, comme ce nom de De Caumont paraît dur à l'oreille royale, *cum nostris non bene sonet in auribus,* le roi faisant un nouvel effort de munificence et de libéralité vraiment royales, lui accorde un *h* entre le *c* et l'*a, haspiracionem seu h inter c et a interponendam ;* et, grâce à ces deux ingénieuses inventions, Jehan De Chaumont pourra signer son nom et se faire nommer devant le roi sans offenser la délicatesse de ses oreilles. A ces grâces inénarrables Louis XI met le comble, et, au lieu d'un paraphe compliqué qui embarrassait son notaire illettré, il lui concède une élémentaire *croix !* A ce témoignage naïf du droit régalien en succède immédiatement un autre, qui l'est beaucoup moins. Des lettres de Chartres, octobre 1474, autorisent « son chier et bien-amé varlet « de chambre, Olivier le Mauvais, » à quitter ce nom que la justice de l'histoire lui eut si volontiers conservé, et à « se surnommer, lui et sa postérité, le Daing, sans « ce que soit loisible à aucuns de les plus surnommer « dudict surnom de Mauvais, lequel est osté et aboly[1]. »

---

[1] Nous transcrivons ici ces deux monuments, parce que nous les considérons comme le premier témoignage authentique et sérieux du droit régalien. Ils nous semblent être, bien mieux que les ordonnances douteuses ou inefficaces de 1555 et de 1629, le véritable argument, propre à établir cette vérité historique : que les rois furent, sous l'ancien régime, en possession régulière et certaine

Louis XI affirme que c'est là l'exercice même de son autorité royale : il est, bien mieux qu'Henri II, le fondateur du droit régalien en ce point. Après lui, les lettres

du droit d'autoriser seuls les changements de nom. Il faut, pour compléter l'argument dont ces deux monuments ne sont que le germe, ajouter la série si nombreuse des lettres de commutations qui suivirent celles-ci :

I.

« Ludovicus, Dei gratia Francorum rex. Regia solet majestas ce-
« léstis imitatione bonitatis, eas quas sibi licterales assumpsit per-
« sonas et quas precipue adstrinxit familiariter, regiis amplecti
« brachiis et graciosis prosequi favoribus, ut et ipse, liberalitatibus
« et graciis adjute, letentur, promptiores se reddant et ad magis
« obsequentes animentur. Notum igitur facimus universis, presen-
« tibus pariter et futuris, nos humilem audiisse supplicacionem di-
« lecti et fidelis notarii et secretarii nostri, magistri Johannis Decau-
« mont, eumdem, dum pridem ad exercicium sui notariatus officii
« adsumptus est, in matricula sive registris notariorum nostrorum
« penes audienciarium cancellarie nostre, suum quo utitur intendebat
« officium hujusmodi notariatus exercendo, signum manuale in hunc
« descripsisse modum Decaumont (suit le paraphe), quo huc usque
« usus est ; verum quod ei juveni, parum ab adolescentia discedenti,
« satis apparet difficile, dubitat non modicum ut, dum et si, favente
« Deo, ad senectam pervenerit, eidem eo uti difficilius sit : unde sibi
« in leviorem formam id commutandi signum a nobis licenciam im-
« partiri supplicavit. Quapropter nos, supplicacioni dicti magistri
« Johannis Decaumont, notarii et secretarii nostri, favore benevolo
« annuentes, eidem, ex hiis aliisque justis de causis nos in hac parte
« moventibus, *ex nostra certa sciencia, deque gracia speciali, auc-*
« *toritate regia et plenitudine potestatis,* concessimus et concedi-
« mus per presentes, ut ipse signum suum supradictum manuale
« commutare valeat atque possit in hanc leviorem seu eidem fa-
« ciliorem, que sequitur, formam De Caumont †, necnon eodem
« ultimo commutato, signo primo derelicto, in antea et quamdiu
« advixerit uti et gaudere, quorum expediciones hujusmodi robo-

de commutation seront si nombreuses qu'on ne pourra
les énumérer, et feront surabonder les témoignages du
droit exclusif de nos rois. Je cite seulement celles qui,

« ratas signorum preteritas videlicet primo et futuras ultimo emolo-
« gantes, tante volumus esse efficacie et valoris, quante essent si
« primo suo manuali signo invalidate forent et nulla super hoc facta
« esset commutacio. Ceterum, cum ejusdem magistri Johannis De
« Caumont cognomen De Caumont nostris non bene sonet in au-
« ribus, illud quodam ornatu vulgo dicendi decorare modo cupien-
« tes, eidem cognomini unam adjunximus licteram seu haspiracionem
« *h*, videlicet prima in syllaba dicti prenominis inter *c* et *a* inter-
« ponendam volentes, et, ex ampliori gracia, eidem notario et secre-
« tario nostro concedentes, ut is qui De Caumont dicebatur De
« Chaumont in antea cognominetur et dictam licteram *h* hoc modo
« suo adjungat cognomini, seque Chaumont ubique et deinceps ins-
« cribendo, ejusque proles ab eo descendens cognomen De Chaumont
« habere, portare, et ita cognominari perpetuo possit et valeat,
« dantes preterea in mandatis dilectis et fidelibus nostris cancel-
« lario, audiencierio, consiliariis et magistris requestarum hospicii
« nostri, ceterisque judiciariis et officiariis nostris aut eorum loca
« tenentibus, presentibus et futuris, quathenus dictum magistrum
« Johannem De Chaumont, ejusque prolem, hujusmodi nostris gracia,
« concessione, signi et cognominis commutacione uti et gaudere
« faciant, paciantur et permictant, pacifice et quiete, absque eisdem
« nunc et in futurum in contrarium quidquam impedimentum infe-
« rendo seu fieri aut inferri permictendo sed secus facta revocando
« et ad pristinum statum reducendo. Et ut hoc perpetue roboris
« obtineat firmitatem, jussimus presentibus nostrum apponi sigil-
« lum. Datum Boutiniaci, mense Augusti, anno Domini millesimo
« cccc° septuagesimo quarto, et regni nostri xiiij. Sic signatum :
« per regem Disoine. »

II.

« Loys, par la grace de Dieu, Roy de France, sçavoir faisons a
« tous présens et avenir, que, nous recordans comme puis aucun
« temps, par noz auctres lectres patentes en forme de Charte et pour

en novembre 1572, furent données à Antoine de Blan-
chefort pour s'appeler Créqui, et qui n'hésitent pas à
prononcer : « Qu'à nous seul (le roi) appartient de

« les causes dedans contenues, nous avons anobli nostre chier et
« bien-amé varlet de chambre maistre Olivier-le-Mauvais et sa pos-
« térité, lignée née et à naistre en loyal mariage, sans ce que lui
« ayions donné ne ordonné aucunes armes pour enseigne, ce qui
« lui est nécessaire d'avoir pour porter le signe et démonstrance
« dudict estat de noblesse perpétuel à lui et aux siens descendans
« de lui en loyal mariage ; considérans aussi les bons, grans,
« louables, continuels et recommandables services qu'il nous a par
« cy-devant et dès-longtemps faiz à l'entour et auprès de nostre
« personne, et autrement, en plusieurs et maintes manières, fait et
« continue de jour en jour, et espérons que encores plus face, vou-
« lans aucunement les recongnoistre et exaulcer et décorer lui et les
« siens en honneurs et prérogatives, à icelui maistre Olivier, pour
« ces causes et considéracions et autres à ce nous mouvans, avons
« octroyé et octroyons de nostre propre mouvement, grace spécial,
« plaine puissance, certaine science et auctorité royal, et par ces pré-
« sentes, voulons et nous plaist, que lui et sa dicte postérité et lignée
« née et à naistre en loyal mariage puissent, comme nobles, porter
« les armes cy-paintes, figurées et armoriées, en tous lieux et en tou-
« tes régions, d'ores en avant, perpetuellement, et a tousjours, tant
« dans nostre royaume que dehors, et tant en temps de guerre comme
« de paix, et qu'ils en jouissent et usent, leur vaillent et servent à la
« décoration d'eulx, tout ainsi et par la forme et manière que s'elles
« leur estoient advenues et eschues de droit, estoc et ligne ; et avecque
« ce voulons et nous plaist que lui et sa dicte postérité et lignée
« soit d'ores en avant surnommez *le Daing* en tous lieux, et tant en
« jugement que dehors et en leurs actes et affaires : et lesquelles
« armes et surnom nous avons donné, octroyé et transmué, donnons,
« octroyons et transmuons audict maistre Olivier et à sa dicte posté-
« rité et lignée, sans ce que soit loisible à aucuns de les plus sur-
« nommer dudict surnom de Mauvais, lequel nous leur avons osté et
« aboly, ostons et abolissons par ces dictes présentes, par lesquelles
« nous donnons en mandement à nos amés et feaulx conseilliers les

« permettre les mutations et changements de cri, noms
« et armes des grandes et illustres maisons [1]. »

En même temps que le roi, au nom de l'ordre public,
affirmait l'immutabilité des noms, la jurisprudence des
Parlements, au nom de la propriété privée, en consacrait
l'inviolabilité. Les noms prenaient la valeur et gagnaient
le respect qu'une société civilisée y attache naturelle-

« gens de nostre court de Parlement, au prevost de Paris, et à tous
« noz autres justiciers et officiers ou à leurs lieuxtenants ou commis,
« présens et avenir, et à chascun d'eulx, si comme à lui appartiendra,
« que de noz présens grace, don, transmutacion et octroy, et de tout
« le contenu en ces dictes présentes, facent, souffrent et laissent
« ledict maistre Olivier le Daing, ensemble sa dicte postérité et
« lignée, joyr et user plainement et paysiblement, sans leur faire ne
« souffrir, ores ne pour le temps à venir, aucun destourbier ou em-
« peschement au contraire ; ainçois, se fait, mis ou donné leur
« estoit, l'ostent, réparent, et mectent, ou facent oster, réparer et
« mectre incontinent et sans délay, au premier état et deu. Et afin
« que du contenu en ces dictes présentes aucun ne puissent pré-
« tendre cause d'ignorance, nous voulons et leur mandons, qu'ils
« facent icelles lire et publier par tous les lieux de leurs juridictions
« qu'il appartiendra, et dont ils seront requis, car ainsi nous plaist-
« il être fait. Et afin que ce soit chose ferme et estable à tousjours,
« nous avons fait mectre notre scel à ces présentes, sauf en autres
« choses nostre droict et l'autruy en toutes. Donné à Chartres, au
« moys d'octobre, l'an de grace mil cccc soixante quatorze, et de
« nostre regne le quatorzième. Sic signatum supra plicam : Par le
« roy Tilhard. *Visa.* — Et est scriptum : Lecta, publicata et regis-
« trata Parisius, in Parlamento, penultima die Januarii, anno Mille-
« simo cccc° septuagesimo quinto. Sic signatum : Brunat. » (V. *Ord.*
des rois de France, in-folio, t. XVIII, p. 40-41, 58-59.)

[1] Denizart, v° *Nom,* n° 41. Cf., n° 8. — Ferrières, v° *Nom.* — De
La Roque, ch. XXX et passim. — Le Pr. Chassanée : « Mutatio nominis
« videtur prohibita sine scitu principis. » — Brillon, *Dict. des arrêts,*
v° *Nom,* etc., etc.

ment : déjà ils avaient eu le temps de s'enrichir de précieux souvenirs, plusieurs s'étaient associés à l'histoire,
tous rappelaient quelque tradition domestique, éclatante
ou obscure, orgueilleuse ou touchante, et le sentiment
de leur dignité grandissait chaque jour. Les rois avaient
donné l'exemple de s'incliner respectueusement devant
la propriété du nom, de ce patrimoine qui résume et
représente tous les travaux, les dévoûments, les vertus
et les droits d'une famille, et peut susciter pour le bien
les plus efficaces émulations ; quand ils accordaient des
commutations de nom, c'était « sauf leur droit en autres
« choses et l'autrui en toutes, » formule qui réservait
toute liberté aux oppositions et aux revendications
pieuses des familles. Toutes les juridictions rendirent
hommage au principe devant lequel s'était arrêté le bon
plaisir royal. Les Grands Jours de Troyes proclament,
en 1583, qu'on ne peut prendre le nom d'autrui [1] ;
la chambre de l'Édit, en 1635, punit sévèrement un
usurpateur [2]; le Parlement, en 1658, oblige à l'amende
honorable la plus humiliante, à deux genoux, en pleine
audience, un ecclésiastique qui se disait à tort fils du
sieur de La Porte, conseiller d'État [3] ; et, en 1718, il
défend avec la même fermeté la propriété du nom,
comme on peut le voir par le procès des Mailly, finan-
ciers, contre les Mailly, grands seigneurs [4]. Que d'autres

---

[1] Bouchel, *Biblioth. du droit français*, vᵒ *Nom ;* et Brillon, *Dict. des arrêts*, vᵒ *Nom.*

[2] Brillon, *ibid.*

[3] Brillon, *ibid.*

[4] Brillon, *ibid.*

décisions je pourrais rapporter encore [1] ! Je ne parle pas d'ailleurs des condamnations à mort contre les usurpateurs de noms, qui, par ce moyen, cherchaient à attirer à eux la fortune d'autrui : misérables sur lesquels je ne voudrais point vous attendrir [2].

Saluons, Messieurs, dans le principe restauré de l'hérédité du nom, la triple alliance du génie populaire, de la prévoyance royale et de la sagesse parlementaire. Ces trois forces vives de nos vieux temps font une œuvre vraiment patriotique, et ce n'est rien exagérer que de dire qu'en nous rendant le nom héréditaire elles nous ont rendu bien des vertus, des dévoûments et des grandeurs. En ces siècles, qui furent quelquefois si durs, du moins l'honneur ne sut point faillir : la loyauté française date de là son renom dans le monde; nous le devons en partie à l'hérédité des noms. Elle enseigna aux grands et aux petits, par un enseignement que la rudesse d'alors fit quelquefois implacable, qu'à se déshonorer on ne se déshonorait point seul, mais qu'on léguait à sa famille l'héritage de sa honte. N'êtes-vous pas frappés de cet Olivier le Mauvais qui ne veut pas laisser à ses enfants un nom, dont sa

---

[1] On les trouvera éparses dans De La Roque, Brillon, Bouchel, Denizart et Ferrières. — Voir, chez ces mêmes auteurs, les arrêts qui autorisent les changements de nom, après production, publication et enregistrement des lettres royales de concession de nom nouveau.

[2] V. Arrêt du parlement de Provence, du 23 avril 1664. (Brillon, *Arrêts*, v° *Nom*), et arrêt moins sévère du parlement de Paris du 25 janvier 1556. (Bouchel, *Bibliothèque*, v° *Nom*.)

conscience prévoit qu'on fera trop justement une ironie vengeresse? Quand ces sentiments vivent, ce sont de grandes forces; les peuples qui finissent peuvent avoir l'irrémédiable malheur de les mépriser; mais, sous la grossièreté des mœurs naissantes, le sens populaire gardait alors une délicatesse vive, que rien n'avait touchée, qu'aucun scepticisme n'avait déflorée, qu'aucun abaissement n'avait gâtée. Qui dira ce que l'honneur du nom à soutenir, à agrandir, produisit chez nous, dans ces temps où la force ne pouvait avoir pour contre-poids que l'honneur? qui dira ce qu'il a soufflé de courage dans les poitrines, aux combats où se jouait l'indépendance nationale? ce qu'il a donné de mâle fierté, sous l'hermine et la pourpre, aux âmes vraiment magistrales? ce qu'il a arrêté de crimes et de vengeances dans l'esprit du puissant, suspendu de parjures sur ses lèvres, fait tomber de violences et de brutalités de sa main? ce qu'il a jeté aussi d'opiniâtreté secrète au travail, d'attachement obscur et courageux au devoir, de dévoûments inconnus, d'honnêteté modeste, de dignité laborieuse et féconde, dans cette humble bourgeoisie qui grandissait pleine de discipline à l'ombre de noms respectés? ce qu'il a enfin, dans tous les rangs, assuré de fermes défenseurs, ou gagné de partisans incertains aux vertus publiques et privées? Pour beaucoup, le nom à honorer fut une révélation du devoir à remplir; beaucoup furent honnêtes, parce que leur nom était pur!

Malheureusement, on ne sut pas défendre ce principe fécond pour le bien. A peine était il entré dans les mœurs, que les mœurs se retournèrent contre lui, et commencèrent à le combattre. On comprit mal ce que vaut le nom pour l'ordre public, ce qu'il est comme propriété privée ; et la législation s'affaiblit insensiblement.

Les changements de nom se multiplièrent, et, pour ne point effrayer les susceptibilités de l'ordre public ni irriter la jalousie du droit régalien, s'abritèrent sous les plus ingénieuses excuses. Nous eûmes d'abord les savants, qui, par amour du grec, traduisaient en grec le nom de leur naissance ; la Renaissance nous inonda de Grecs et de Romains[1]. Puis les noms de guerre se substituèrent aux noms héréditaires. Aurons-nous le courage de les blâmer ? « C'est la vérité, dit Loiseau, « que le pauure soldat qui, allant à la campagne, ne « veut pas laisser ses mains ny ses pieds à la maison, « y laisse bien volontiers son vray nom, se faisant appeler Lauigne, Lafontaine, Lapierre, Lahaye, ou de « tel autre nom de guerre, afin que, si, par cas fortuit, en passant pays, il demeure accroché à un ar-« bre, sa race n'en soit déshonorée, et s'il échappe ce « hazard, et qu'il rapporte ses oreilles en son pays, « reprenant le nom qu'il y avoit laissé, il ne se trouue « point sous iceluy au papier rouge des preuosts[2]. » Puis il y eut les noms de terre ; c'est un trait de mœurs

[1] V. De La Roque, ch. XIV, et passim. — Feuillet de Conches, *Causeries d'un curieux*, II, p. 351, 352. Chéruel, v° *Nom*.

[2] Loiseau, *Des ordres*, ch. XI. — Voy. Chassant, *Nobles et vilains*, p. 170, 171. — Chéruel, v° *Nom*, et Sémainville, *Code de la noblesse*, p. 491, rapportent un passage d'un roman inédit du XV° siècle, *le*

intéressant. Tous blâment cette habitude d'ajouter ou
de substituer à son nom de famille le nom de la terre
qu'on possède. Montaigne déclare que c'est un « vilain
« usage et propre à mesler et mecognoistre les races, »
et il signe cette phrase du nom de sa terre [1]. Les jurisconsultes le condamnent à l'envi, mais, dès qu'ils y
voient jour, se l'appliquent en grande hâte pour re-
hausser la bonne roture et l'honnêteté bourgeoise de
leur nom [2]. Les rois épuisent contre l'abus toutes les
ressources des menaces et des prohibitions législatives,
et ils remplissent leur cour de courtisans qui y appor-
tent, dans leur nom emprunté à leur domaine, le témoignage paisible de la violation de toutes les ordonnances [3]. Les nobles blâment un usage qui ne profite
plus à eux seuls, mais s'étend aux roturiers; les roturiers blâment un usage qui ne profite pas encore à tous,
mais seulement à ceux qui possèdent des terres nobles.

Jouvencel, qui atteste que de bonne heure l'usage des noms de
guerre s'introduisit en France.

[1] *Essais, loc. cit.*

[2] Etienne Tabourot. *loc. cit.* — Loiseau, *Ordres*, ch. XI. Les fils
d'Antoine Arnauld, de Pasquier, de Daguesseau, et de bon nombre
d'autres jurisconsultes, portent des noms de seigneuries, au lieu du
nom paternel. Cependant ni Arnauld, ni Pasquier, ni Daguesseau ne
se croyaient violateurs des lois ou ordonnances.

[3] États de Blois de 1573, art. 241. — États tenus à Rouen, le 4 novembre 1596, ch. de la noblesse. — Ord. de 1629, art. 214.— Décl. de
Louis XIV, du 4 septembre 1696,— et Arrêt du conseil, du 26 février
1697. — Décl. du 3 mars 1699, art. 330, etc. — Comme contre-partie
de cette législation, voyez tous les écrivains des XVIe et XVIIe siècles,
notamment Saint-Simon, Tallemant, etc.

4

Et, comme il arrive de tous les usages qui ont des ennemis jaloux plutôt que convaincus, on le combat en
le ménageant, dans l'espoir d'en profiter un jour, et
l'usage finit par devenir le droit le plus incontesté [1].
Il y eut enfin les changements de nom inspirés par la
vanité : on prétexta la découverte de quelque généalogie inconnue, qui autorisait à prendre un nom mieux
sonnant.

Ce fut, en effet, le beau temps des vanités rétros-
pectives. On commença alors à reprendre attentive-
ment les origines, et l'on eut soin de les rejeter aussi
loin, dans les profondeurs vénérables de l'histoire, que
le permettait la plus accommodante bonne volonté. Le
nom subissait toujours quelque changement dans ces
illusions demi-intéressées, demi-savantes; on suivit à
plaisir, au milieu d'ingénieux hasards qui découra-
geraient notre crédulité, l'histoire des origines, et l'on
força ainsi le passé à témoigner, à son grand étonne-
ment, de l'antiquité de certaines familles, dont quel-
ques-unes sans doute arrivaient à l'âge mûr, mais dont
la plupart étaient de la plus tendre jeunesse. Les premiers âges de la féodalité, par l'abondance serviable
des chartes, la confusion utile des noms et des événe-
ments prêtèrent aux plus heureuses combinaisons, et
enrichirent beaucoup de familles d'une origine ines-
pérée et d'aïeux inattendus. L'antiquité elle-même su-
bit la complicité de ces fables orgueilleuses. Ce fut la

---

[1] V. entre autres témoignages, Cass., 15 déc. 1845 et 18 avril 1860.

mode des généalogies lointaines, antéhistoriques et héroïques, dont la chaîne solidement liée se continuait à travers les rudes agitations des premiers siècles féodaux et l'ébranlement brutal de l'invasion, se rattachait à quelque Romain de bonne maison, pour aller se perdre de là dans le monde des demi-dieux : car on avouait, avec une modestie de bon ton, son ignorance à partir des temps fabuleux. La mode commença par les princes, je ne sais en vérité pourquoi, puisqu'en ce temps quelques-uns étaient plus nobles que le roi ; on sait, parmi mille autres traits, l'histoire de cet éminent érudit, qui présentait à Charles-Quint sa généalogie à partir d'Adam en cent dix-huit degrés soigneusement dénombrés et expliqués : flatterie délicate et du goût le plus fin, mais que notre grossièreté d'aujourd'hui priserait moins ; car, quelle généalogie égalitaire ! et quel dénoûment plébéien ! Des rois aux seigneurs, c'était même usage ; seulement, en général, on s'arrêtait prudemment aux Romains ; les plus hardis remontaient jusqu'aux Troyens ; cette témérité de haut ton était le privilége de la plus fière noblesse ; il fallait se sentir de grande maison et sûr de son fait. Les Cossé-Brissac descendaient de ce Cossa dont parle Virgile :

> . . . . . genus alto a sanguine Cossæ,

tandis qu'un certain chevalier de Cromot avait discerné au milieu des chevaliers romains le chevalier Cromus, dont il descendait sans nul doute, mais au datif, disaient les mauvais plaisants : la famille déclinait, Messieurs.

D'autres, plus modestes en leurs ambitions, s'estimaient
assez bons gentilshommes s'ils étaient issus de sang
royal. « Combien, dit Montaigne, avons-nous de gen-
« tilshommes en France qui sont de royale race selon
« leurs comptes? plus, ce crois-je, que d'aultres ; » et,
comme ces jeunes seigneurs dont il raconte l'histoire,
on « alléguoit qui une origine, qui une aultre, qui la
« ressemblance du nom, qui des armes, qui une vieille
« pancharte domestique, et le moindre se trouvoit ar-
« rière fils de quelque roy d'oultre-mer [1]. »

Du moins, cet abus ne put jamais prescrire tout-à-
fait contre le bon sens français. Les moqueries ne lui
furent jamais ménagées. Au milieu de son scepticisme,
Montaigne semble trouver comme des accents convaincus pour le frapper. Boileau s'indigne, et les ironies
de sa verve vibrent encore dans cette dure et âpre satire
où il distribue, d'une main irritée, la justice à la vraie
et à la fausse noblesse, et flagelle le parvenu :

> N'eût-il de son vrai nom ni titre ni mémoire,
> D'Hozier lui trouvera cent aïeux dans l'histoire [2].

Molière met le parterre et la galerie, la bourgeoisie et
la noblesse d'accord sur ce sujet délicat, qui cependant aurait dû les diviser ; et, dans son *École des femmes,*

---

[1] *Essais, loc. cit.* Voy. sur cette manie des antiques et illustres
origines, A. Chassant, archiviste paléographe, *les Nobles et les
Vilains,* surtout, ch. IV, § 4, et *Nobiliana,* ch. V et suiv. passim.
Paris, 2 vol. in-8º, 1857 et 1858.

[2] Satire V.

il trouve le secret de faire rire également les uns et les autres du même travers, que les uns avaient pratiqué déjà, auquel les autres aspiraient secrètement [1]. La Bruyère raille impitoyablement ces *Sannions* insolents, dont la folie est prématurée, qui ne peuvent laisser le siècle s'achever sur leur race pour usurper une meilleure origine à laquelle ne croiront pas ceux qui, en passant sur la place publique, peuvent dire : « Là, leur père « étalait et vendait très-cher ; » et il déclare nettement que, si quelque jour il fait fortune, alors il descendra en ligne directe d'un certain Geoffroy de La Bruyère qu'il a trouvé dans les chroniques, et qui fut sous Godefroy de Bouillon en Terre-Sainte [2]. La tradition se continue par Saint-Évremond et Voltaire. Les généalogistes eux-mêmes se repentent des fautes où ils sont complices ; le P. Menestrier déplore, mais un peu tard, les généalogies *flattées* et *infectées de fictions* [3]. Mais l'abus se jouait avec une merveilleuse facilité à travers les sévérités et les épigrammes ; la folie passait, tranquille et sereine, des grands aux petits. On peut juger si elle portait atteinte à l'immutabilité du nom, et si le principe d'ordre public en souffrait.

Le principe de propriété s'affaiblissait du même coup. Contradiction singulière ! C'est le temps où l'il-

---

[1] *Ecole des femmes*, act. I, sc. I.

[2] *De la ville*, X ; *De quelques usages*, XIV. V. aussi *Des biens de fortune*, I, XIX, XX, XXI ; *De la cour*, XX, XXI ; *Des grands*, XXIII ; *De quelques usages*, I à XIV. (Ed. Walckenäer.)

[3] Ménestrier, *Recherches du blason*.

lustration du nom a le prestige d'attirer les honneurs,
la richesse et le pouvoir. Porter un grand nom, voué
traditionnellement à recueillir les faveurs sinon à les
mériter, c'est être désigné aux fonctions importantes,
aux postes d'éclat, aux situations puissantes, aux charges de cour, quelquefois à l'honneur suprême de l'amitié du roi, en un mot à toutes les complaisances de la
fortune. Et c'est aussi le temps où, à côté de principes
absolument certains sur la propriété du nom, on rencontre le plus d'usurpations tranquilles, d'envahisse-
ments impunis et d'entreprises insolemment paisibles
sur les noms! Des aventuriers imposent leur parenté
aux premières familles ; ils s'improvisent en frères ou
proches injustement éconduits, et il est peu de noble
maison à qui sa haute fortune n'ait gagné ainsi quelque
membre parasite. Or le titulaire du nom reste inactif;
les moyens de répression légale sont dans sa main : il
les néglige, et il ne veut d'autre justice que ses dédains. Quels exemples n'en fournit pas l'histoire? Certes,
Messieurs, si nous pouvions souhaiter à quelqu'un,
comme une piquante aventure, d'avoir vu un tiers s'ar-
roger le nom de sa famille, ne serait-ce pas au duc de
Saint-Simon? Cette épreuve n'a pas manqué au plus
dédaigneux grand seigneur de la cour de Louis XIV.
Lui-même a pris soin de nous raconter, avec sa verve
ardente et emportée, comment un gentilhomme de
naissance médiocre avait osé s'attribuer l'un des noms
et les armes qui appartenaient à la famille de Saint-
Simon. Les voies légales lui étaient ouvertes. Mais

l'usage et les convenances ne lui laissaient, pour réprimer cette usurpation, d'autres armes que les dédains publics et éclatants. Et, après nous avoir dit (et on peut le croire) qu'il usa de cette justice hautaine, il ajoute, avec un accent de regret sur la liberté laissée à de semblables entreprises : « Je n'ai pas cru devoir omettre « cette aventure..... ; je l'ai déjà dit à propos de Mau- « pertuis et de la maison de Melun, on fait en France « tout ce que l'on veut là-dessus, nulle voie de l'em- « pêcher, nulle justice à entendre [1]. » Ne nous étonnons qu'à demi, Messieurs. Entrer en procès avec l'usurpateur, c'eût été un instant souffrir l'égalité avec lui, l'égalité de la lutte; c'eût été accepter un doute, et faire honneur au mensonge en le jugeant digne d'inquiéter. Abreuver d'humiliations insolentes ou châtier lestement d'un bon mot sans réplique l'usurpateur, était mieux d'un gentilhomme ; et, comme ces façons de grand seigneur réussissaient parfois, nous ne devons pas, après tout, nous étonner qu'elles aient été préférées, dans leur facilité expéditive, aux longueurs embarrassées des procès dont le meilleur laisse toujours quelque doute sur le droit qu'il établit le mieux. On faisait donc comme M. de Vivonne : « Merci, disait-il « un jour à un garde-marine qui se faisait appeler « Rochechouart, merci de la bonne opinion que vous

<hr>

[1] Saint-Simon, éd. Chéruel, t. VI, 208-213. — Cf., *ibid.*, 179 : « Montbron portait en plein le nom et les armes de cette grande et « ancienne maison, fort tombée depuis longtemps, et *qui le laissa* « *faire, parce que l'on fait là-dessus tout ce qu'on veut en France.* »

« avez de ma maison, dont vous ne pouvez donner une
« meilleure preuve que de l'avoir préférée à tant
« d'autres pour en prendre le nom [1]. » Après tout,
c'était peut-être sagesse, en ce temps, de terminer
ainsi par un trait d'esprit ce que nous terminerions
aujourd'hui par arrêt, et de n'accorder qu'une répartie
à ce qui nous ferait faire une plaidoirie.

Cet affaiblissement de l'attachement et du respect
pour les noms coïncidait, Messieurs, avec un affaiblissement dans les mœurs. L'histoire que nous étudions obéit
toujours à la même loi. La famille, on le sait, ne fut pas
assez respectée en ce temps, et les liens s'en trouvèrent
parfois singulièrement relâchés. Les exemples, que nous
ont légués les derniers siècles de l'ancien régime, sont
trop connus pour qu'il faille s'y arrêter ; qui n'a lu les
tristes témoignages dont sont remplies les chroniques
de la cour et de la ville, de la noblesse et de la bourgeoisie ? qui n'a présents au souvenir les scandales, dont
la société d'alors s'accuse chaque jour encore, devant
nous, dans les confessions publiques des *Mémoires* et
des *Histoires ?* Il suffit de signaler en passant que le
nom a moins de valeur pour qui respecte moins la
famille, et qu'il perd de son prix quand elle perd de
son honneur.

[1] Saint-Simon, éd. Chéruel, t. VI, 243.

V.

Aussi, quand la révolution éclatera, vous sentez que le dogme de la propriété du nom, déjà si ébranlé, ne portera pas, sans fléchir, l'effort et la colère de la tempête. Toutefois, il affronta heureusement les premiers souffles qui passaient sur la vieille législation française et en balayaient les assises mal assurées. Ce qu'il y avait en lui, en effet, de juste, de salutaire et de pur répondait bien aux instincts généreux, qui marquèrent les premiers jours de la révolution et en purifièrent les premières ardeurs : alors, un principe qui attestait en un témoignage expressif l'unité de la famille, la perpétuité et l'inviolabilité des liens domestiques, la solidarité des affections, des droits et des devoirs au foyer, devait séduire des esprits préoccupés de rétablir la société sur ses grandes et naturelles assises et sur des vérités simples. Le décret des 19-23 juin 1790 proclama (art. 2) qu'*aucun citoyen ne pourrait prendre que le vrai nom de sa famille.*

Ce principe voulait une sanction ; c'était peu de déclarer les noms immuables ; il fallait encore les mettre à l'abri des altérations ingénieuses et de toutes les industrieuses adresses, qui, sans y rien changer jamais, ont cependant le secret de les transformer toujours. Le décret du 20 septembre 1792 eut en partie pour but, ou au moins pour effet, de protéger les noms contre ces retouches et ces révisions bienveillantes que la vanité y prati-

que si assidûment ; il enleva au clergé et remit à des
officiers publics la tenue des actes de l'état civil. Désormais, ces archives communes des grandes maisons et
des humbles familles, ces registres où se mêlent les
plus hautes et les plus humbles généalogies, seraient à
l'abri de toute complaisance, et conserveraient la vraie
tradition des noms, depuis le plus ignoré jusqu'au plus
illustre, avec une fidélité moins souple et moins accommodante que par le passé. Ainsi l'État prenait en main
l'exécution de la loi de 1790, et, après avoir reconnu
pour un principe d'ordre la transmission exacte du nom
dans la famille, il revendiquait comme un devoir public
le soin d'en assurer l'entière sincérité.

Tant de respect n'est pas pour durer en France,
surtout en temps de révolution ; et, en effet, il reçut
bientôt un outrageux démenti. Déjà le décret de 1790
le faisait pressentir ; il était plein d'une bizarre contradiction. Une haine minutieuse pour les signes de la noblesse
y avait dicté la proscription de tous titres et de toutes
qualifications nobiliaires, et en même temps on y lisait
le respect des noms, ces autres et impérissables signes
des vieilles races, ces autres et obstinés témoins des
inégalités glorieuses sorties du passé. Ce n'est pas, en
effet, par les titres nobiliaires seuls que se marquent
les degrés et se divisent les rangs de la société ; les
noms, avec tous les souvenirs qu'une noble race sait y
rajeunir toujours, accusent plus impitoyablement encore
la loi inévitable de nos inégalités. Aussi les législateurs
égalitaires se sont-ils montrés plus honnêtes que logi-

ques, et ont-ils, par une inconséquence heureuse, déserté à moitié leur œuvre, chaque fois qu'après avoir brisé les insignes de la noblesse, ils n'ont osé frapper les noms de famille. Mais la révolution ne connaissait pas ces timidités, et n'avait pas accoutumé de s'arrêter à mi-œuvre. Elle avait déclaré la guerre aux inégalités ; elle les avait atteintes dans les titres nobiliaires, elle allait les poursuivre dans les noms. Il cessa bientôt, en effet, d'y avoir en France des noms héréditaires, constituant une immuable propriété. N'est-il pas instructif, Messieurs, de rappeler en quelle occasion et avec quelle facilité fut aboli un principe aussi salutaire ? La sottise d'une femme y suffit alors ; il est vrai que nous sommes en l'an II, et sous la législature affolée, quand elle n'est pas sanguinaire, de la Convention.

Un jour donc, dans une illumination de modestie républicaine, la citoyenne Goux, fort inconnue d'ailleurs et qui n'a laissé d'autre souvenir que cette témérité bouffonne, pensa qu'elle personnifiait merveilleusement la douce et pure vertu de *Liberté*, dont elle avait fait le personnage dans une de ces Théories tragi-comiques que la Révolution aimait à promener parmi les rues de Paris[1]. C'était par une injustice du sort qu'elle subissait le nom de Goux dû au hasard inintelligent de sa naissance, et elle résolut de revendiquer le nom de Liberté qui était le sien par droit de patriotisme. Cette

---

[1] La citoyenne Goux pouvait, à un autre titre, prétendre représenter la liberté. Ci-devant religieuse, elle s'était mariée à un ci-devant prêtre. C'était affirmer deux fois en une la liberté.

fantaisie était digne de la consécration nationale, et la citoyenne se présenta à la barre de la Convention, le 24 brumaire an II, pour tenir de la volonté législative le nouveau baptême auquel elle aspirait. Disons que la Convention daigna ne pas l'éconduire ; on ne laissait point échapper alors une occasion aussi gravement signalée de détruire un principe ; et, puisque le principe d'hérédité et d'immutabilité du nom patronymique était attaqué, il convenait qu'il fût aboli. Sous une apparence ridicule, c'était lui en effet qu'on traînait à la barre de la Convention : il ne s'agissait pas seulement du caprice ambitieusement sot de la citoyenne Goux ; ce qu'on mettait en question, c'était la liberté pour chacun de se faire un nom à sa guise, de rompre avec son origine, d'échapper au signe de la famille, de perdre son passé dans l'inconnu et d'introduire tout le désordre de l'arbitraire là où doit régner la plus inflexible régularité. Il y avait pourtant à la Convention des jurisconsultes capables d'entrevoir et de signaler le péril ajouté par là à tant d'autres qu'on prodiguait à la société ; mais, sur ces bancs déshonorés par la peur autant que par la violence, on n'osait pas avouer qu'on pensait juste ni porter témoignage pour la vérité et l'honnêteté d'une idée. Merlin, qu'on retrouvera plus tard si ferme et si droit dans la critique des lois et le discernement des principes, a mesuré secrètement le danger ; il sait l'anarchie qui sortira du vote de la Convention ; son bon sens lui démontre la nécessité de s'attacher à l'immutabilité des noms. Mais comment protester sans être suspect à la

majorité, qui porte au cœur une secrète haine pour l'hérédité du nom, parce que cette hérédité consacre des
grandeurs proscrites? Au lieu de dire simplement et
honnêtement ce que lui inspirent sa raison et sa conscience de jurisconsulte, Merlin se détourne sur un
sophisme déclamatoire et vide : « Les noms de Liberté,
« d'Égalité, s'écrie-t-il, sont trop sublimes pour être
« portés par des mortels ! » Personne ne voulut le
croire ; et, en vérité, ce n'était alors que justice. Après
Merlin, Romme se leva, et, replaçant avec un brutal
bon sens la question dans ses termes exacts, déclara
qu'il devait être loisible à chacun, sous le régime répu-
blicain, « de prendre le nom qui lui plaîsait le mieux, »
et protesta qu'on n'avait pas le droit de « mettre, selon
« l'avis de Merlin, à l'index les vertus civiles et mora-
« les, ce qui serait une violation de la liberté [1]. » Cette
affirmation des droits de la liberté plut à l'assemblée
convaincue d'avance ; et l'on vota un ordre du jour, qui
non-seulement autorisait la citoyenne Goux à prendre
le nom dont elle ambitionnait de couronner ses vertus,
mais encore posait en principe législatif que chacun
pouvait changer son nom moyennant une simple décla-
ration à la commune et qu'il n'y avait plus de propriété
du nom.

« La Convention nationale, y est-il dit..., sur la
« proposition faite d'approuver le nom de Liberté dé-

___

[1] V. *Monit.* (réimpr.) du 26 brum. an II, p. 480. Borel d'Haute-
rive, *Ann. de la nobl.*, année 1860, p. 280 et suiv.

« cerné à la citoyenne Goux, la renvoie par-devant la
« municipalité de son domicile actuel, pour y déclarer
« le nom qu'elle adopte, en se conformant aux formes
« ordinaires. — Enfin, sur la proposition faite qu'il soit
« défendu à tout citoyen de prendre pour nom propre
« ceux de Liberté et Égalité, la Convention nationale
« passe à l'ordre du jour sur cette proposition, motivé
« sur ce que chaque citoyen a la faculté de se nommer
« comme il lui plaît, en se conformant aux formalités
« prescrites par la loi [1]. »

Peut-être vous étonnez-vous, Messieurs, de voir sa-
crifier étourdiment et sans autre délibération un principe aussi grave. Cependant, si une chose eût pu nous
étonner, c'eût été de ne pas le voir tomber ainsi. Rien
dans la législation ne le soutenait plus, on lui avait dé-
robé peu à peu toutes ses assises, tous ses étais, et, en le
ruinant avec ce rapide et inattentif mépris, la Convention n'était que logique et obéissait aux plus prochaines
conséquences de ses actes. Une fois de plus, nous trou-
vons ici le sort de l'hérédité du nom lié au sort des lois
protectrices de la famille, et nous touchons à cette vérité
que le nom devient chez un peuple ce que devient le
respect de la famille.

Ce que la Convention avait fait de la famille, vous le
savez : elle l'avait détruite, après l'avoir déshonorée
toutefois. Le lien conjugal, elle l'avait avili, en permet-

[1] Décret des 24-26 brumaire an II (14-16 nov. 1793), relatif à la
faculté qu'ont tous les citoyens de se nommer comme il leur plaît, en
se conformant aux formalités prescrites par la loi.

tant le divorce à la fantaisie des époux et à la simple allé-
gation d'incompatibilité d'humeur, trop facile mensonge
qui introduit dans le mariage les caprices honteux de la
débauche [1] ; elle proscrivait le sage tempérament de la
séparation de corps, qui permet le repentir [2] ; et toutes
ses idées sur la dignité du mariage se traduisaient dans
cette théorie, que, pour la légitimité de l'union, il ne faut
qu'*un beau soleil et deux mains unies en présence du
ciel* [3] *!* La légitimité de la naissance, elle l'humiliait, en
lui égalant la bâtardise réhabilitée ; l'enfant sans père est
le fils préféré de la nation ; et, avec une complaisance qui
confond, la Convention solde à la fille-mère le prix de
son déshonneur, et accorde une prime à la fécondité de
sa faute [4]. L'autorité paternelle, elle l'anéantissait ;
plus de droit pour le père de disposer par testament [5] ;
l'enfant naturel a, dans la succession, tous les droits
de l'enfant légitime [6] ; la minorité n'est plus sous la
garde des conseils paternels, et, dans tous les actes
graves de la vie, le mariage par exemple, le fils n'a
plus à consulter l'autorité de son père [7]. Qu'on dise,

---

[1] Décret des 20-25 sept. 1792. Cf. Loi des 4-9 floréal an II, des
8-14 nivose an II.

[2] Décret des 20-25 sept. 1792, § 1, art. 7.

[3] 7 sept 1793.

[4] Loi du 28 juin 1793, qui accorde les secours de la nation à la
fille enceinte qui allaitera son enfant, tit. I. § 2, art. 3 à 7. Décret
du 17 pluviôse an II sur la pétition de la citoyenne Braconnier.

[5] Loi du 7 mars 1793.

[6] Loi du 12 brumaire an II.

[7] Loi du 7 septembre 1793.

après cela, ce qui restait de la famille? Où retrouver encore la discipline austère, l'autorité respectée et aimée, les liens indissolubles, les honneurs et les affections du mariage et de la légitimité, qui remplissent la mesure auguste de ce nom? La famille n'était plus! Or, là où il n'y avait plus de famille, de quel prix pouvait être le nom héréditaire? là où elle était bafouée, quelle estime pouvait-il garder? Rien n'y attachait plus le respect: ni le souvenir des affections conjugales, leur dérision était partout dans la loi; ni la reconnaissance et la tendresse filiales, la loi les poussait à la révolte; ni la juste fierté d'une naissance pure, l'État honorait les fils du libertinage. Ainsi, l'infamie insolente dont on couvrait la famille rejaillissait sur le nom; le signe tombait dans le mépris avec l'idée; le symbole était discrédité et déshonoré comme la réalité. Vous le voyez, Messieurs: encore une fois, la fortune du principe d'hérédité et d'immutabilité du nom avait l'honneur de suivre la fortune de la famille; et cette solidarité est, pour ceux qui le défendent comme pour ceux qui l'attaquent, un enseignement qui ne veut point être oublié.

En même temps toutefois qu'elle suivait, sans le savoir peut-être, l'inspiration de son mépris pour tout ce qui touche à la famille, la Convention obéissait à une passion politique. Je l'ai indiqué tout-à-l'heure; et, pour avoir toute la pensée du décret de l'an II, il faut, en effet, ajouter ce trait au premier. En abolissant donc la propriété et l'hérédité des noms, la Convention croyait faire œuvre politique: c'était comme une ma-

chine de guerre dressée contre le passé. Elle pensait,
par cette vaine négation législative, abattre dans leur
dernier refuge les souvenirs importuns et niveler les
inégalités d'autrefois. Si les noms plébéiens étaient
atteints par cette destruction d'un principe d'hérédité
qui a tourné, chez nous, aussi souvent à l'honneur des
classes moyennes qu'à l'illustration des classes élevées,
les noms patriciens surtout, où vivaient avec l'éclat
traditionnel des familles toutes les grandeurs du régime
déchu, lui semblaient blessés à mort. Elle ignorait
qu'une assemblée est impuissante à étouffer, par ses
décrets, des souvenirs qui vibrent encore au cœur du
peuple. Ces noms, dont on déniait la propriété aux
vaincus, ne voulaient pas mourir ; comme le plus cher
et le plus intime patrimoine, comme la plus pieuse et la
plus fière des consolations, ils suivront leurs maîtres
dans la prison, l'exil, et sur l'échafaud, et là retrouve-
ront, dans la vertu énergique de la souffrance et du sang,
une vitalité nouvelle pour ressusciter bientôt aux premiers jours d'une société meilleure.

Achevons enfin, Messieurs, la physionomie du décret
de l'an II, en disant qu'il était un moyen de popularité,
une flatterie pour les vanités et les lâchetés de la foule,
ces deux instincts que le sage doit toujours caresser. Ses
vanités : — car les ardents, heureux de faire parade
de fougue civique, applaudiraient à la pensée de jeter là
le nom de leur naissance, dont le mérite insignifiant
était de leur rappeler leur père, pour prendre un nom
emprunté aux plus lumineuses époques du patriotisme

antique, et dont le choix ne laissât aucune obscurité sur l'austérité de leur foi républicaine. Ses lâchetés aussi : — car c'était encore satisfaire les timides, ceux qui, ayant accepté avec trop de réserve les entraînements populaires, aimeraient maintenant à dissimuler un passé suspect sous un nom patriotique, et à quitter, grâce à ce travestissement, le camp des vaincus pour le camp des vainqueurs, sans être inquiétés comme transfuges.

Messieurs, une loi si heureusement échaffaudée sur le mépris de la famille, la haine politique, la vanité et la peur, sur toutes les mauvaises passions de la foule, devait plaire et fut largement appliquée. Mais comment le fut-elle?

On a raconté souvent le désordre tristement ridicule qui suivit le décret du 24 brumaire an II; et l'on admire aujourd'hui encore, sans se lasser, les prodiges de folie auxquels le besoin de changement, la fougue républicaine et l'infatuation de l'antiquité réduisirent alors notre pauvre esprit français. Chacun secoua la vieille et loyale dépouille de son nom, et se drapa dans le nom de quelque héros classique, dont il affligeait d'ailleurs le souvenir par la plus indigne clientèle. Les Aristides abondèrent dans la moderne Athènes, mais, de peur de l'ostracisme, gardèrent une vertu tempérée ; les Thémistocles furent nombreux, mais se dévouèrent avec prudence à la patrie; les Cincinnatus se multiplièrent, mais sans borner leur ambition à la charrue; on coudoyait des Publicolas gonflés d'un secret mépris pour leurs frères du peuple, des Marius et des Césars fort légers d'exploits militaires. Quant aux Brutus, on ne les pouvait plus compter, bien qu'aucun n'eut jamais ni fondé une république ni fait justice d'un tyran; je ne voudrais pas affirmer toutefois que quelques-uns n'eussent mérité le nom en s'appropriant la maxime : O vertu, tu n'es qu'un nom ! Et ainsi des autres. Ce n'était pas tout. Quand la liste des héros plus ou moins héroïques fut épuisée, la liste des bourreaux de l'humanité depuis Caligula jusqu'à Robespierre dût fournir, elle aussi, des patrons à cette triste foule, fatiguée de ne porter que des noms ignorés et purs : et l'on ne sait en vérité quelle joie trouvaient à ce patronage sanguinaire et infâme des âmes incapables d'une méchanceté et d'une violence ! Cette folie à outrance descendit plus bas; et, quand on eut épuisé les noms des grands hommes et des grands scélérats, on imagina le patronage des plantes et des animaux : les jardins, et (parlons français) les basses-cours et le fumier nous prêtèrent des noms. Je dois vous avertir, Messieurs, comme d'une invraisemblance pour ce temps, qu'au-dessous de cette platitude on ne sut rien plus inventer. Et tout cela passait sans soulever l'indignation, sans être flagellé par le rire ! Qu'on abandonnât, sans cœur et sans pudeur, le nom de sa famille, soit: hélas, on avait vu souvent la fidélité aux souvenirs et aux affections fléchir chez nous; mais ce qu'on avait vu plus rarement, c'était l'esprit nous manquer à cet excès, et les traditions des bonnes et saines moqueries défaillir à ce point ! Ces travestissements grotesques, ces invocations abêties ne réveillaient plus le sarcasme populaire endormi. Où étaient la verve nationale et le bon sens français? Dégagée de tout obstacle, même de celui du ridicule, l'application du décret aboutit librement en France à une immense sottise, et cette sottise morne n'a même pas une trace de gaîté et de bonhomie qui provoque le rire et la fasse absoudre.

Un tel désordre est impuissant à durer; s'il ne soulève pas la justice énervée du ridicule, il rencontre bientôt les hostilités de l'ordre public; et ainsi en advint-il du décret de l'an II. Quand le 9 thermidor eut emporté le vertige, absurde autant que coupable, qui avait tourbillonné sur la France, quand les esprits osèrent se reprendre à quelques idées justes, quand le sens public affranchi fut rentré dans le droit de s'effrayer des périls de la société, on s'étonna d'une aussi prodigieuse folie. Ce qui frappa, ce fut l'impossibilité de rétablir l'ordre et de ramener la sécurité dans une foule où chacun pouvait changer de masque chaque jour, et dérober, sous des travestissements trop serviables, les hontes de son visage. Le 4 fructidor an II, Bréard, de la Convention, accusé d'amitié pour Robespierre tombé, montait à la tribune pour se défendre, et, prenant à son tour l'offensive, il demandait pourquoi les hommes du parti déchu avaient eu ce goût de ne pas se montrer au grand jour sous leur nom : « Sachons,
« disait-il avec cette vivacité forcée et ambitieuse qui
« était de mode alors, sachons pourquoi des hommes
« qui ne jouissaient d'aucune considération, ont eu

« besoin d'abandonner le nom de leur père pour pren-
« dre un nom célèbre dans l'antiquité. Couthon avait
« pris celui d'Aristide ! Croyez-vous que ceux qui se
« sont affublés des noms de Caton et de Brutus en
« avaient les vertus ? Non ! la plupart d'entre eux
« s'étaient déshonorés par des bassesses dans leurs
« départements, et ils avaient besoin de ces nouveaux
« noms, et d'affecter les dehors du patriotisme, pour
« venir à Paris escroquer des places et voler la Ré-
« publique ! Croyez-vous que ces gens, qui sont venus
« à votre barre en se parant du nom de Socrate, eus-
« sent bu la ciguë si on la leur eut présentée ? Non,
« non ! ils l'eussent rejetée bien loin, et vous n'eussiez
« plus aperçu en eux que l'intrigant et l'imposteur !
« Ce ne sont pas les noms des hommes illustres de l'an-
« tiquité qu'il faut usurper, ce sont leurs vertus qu'il
« faut imiter, qu'il faut surpasser, s'il est possible.
« Misérable intrigant ! n'envie pas le nom d'un homme
« vertueux, mais rends le tien aussi célèbre que le
« sien ! Je demande qu'on décrète qu'aucun homme
« ne pourra porter, à l'avenir, d'autre nom que celui
« de son père, et que le comité de législation soit chargé
« de la rédaction de ce projet [1]. » Cette motion, souvent
interrompue par d'énergiques applaudissements, fut
adoptée, et, deux jours après, Cambacérès présentait à
la Convention un projet de loi « contre ceux qui substi-
« tuaient à leur nom patronymique des noms connus

____

[1] *Monit.* (réimpr.), 6 fructidor an II, p. 557.

« par des actions d'éclat ou l'exercice des vertus répu-
« blicaines [1]. » Ainsi finit cet accès de folie.

En vérité, la loi du 6 fructidor an II allait plus loin.
La Convention l'avait destinée seulement à rompre avec
les pratiques de la Terreur, à guérir cette anarchie au
milieu de laquelle personne n'acceptait plus sous son
nom la responsabilité de sa vie. Mais le rédacteur de
la loi, après avoir satisfait à cette pensée d'ordre public en exprimant, dans l'art. 1er, qu'on ne devait désormais porter que le nom inscrit à l'acte de naissance
et aucun autre nom ou surnom, la tournait tout-à-coup,
dans l'art. 2, en loi de principe contre tout retour d'apparence nobiliaire dans les noms de famille. L'art. 2
proscrivait, en effet, les noms de terre ou les noms
nobles, en n'autorisant les surnoms destinés à distinguer les branches d'une famille qu'autant qu'ils ne
rappelleraient point de souvenir féodal ou gentilhom-
mesque. Ce petit abus de confiance législatif, par lequel
Cambacérès introduisait, dans une loi favorable au rétablissement des noms, une proscription contre certains
d'entre eux, contribua à maintenir, pendant quelques
années encore en France, hors du droit commun auquel
on revenait, toute une classe de citoyens [2].

Il faut, en effet, pour achever l'histoire du nom pen-

---

[1] *Monit.* (réimpr.), 8 fructidor, an II, p. 572.

[2] Voici le rapport de Cambacérès : « Vous avez renvoyé à votre
« comité de législation la rédaction d'un décret rendu sur la proposi-
« tion de Bréard, relativement à ceux qui substituent à leur nom de
« famille les noms connus par des actions d'éclat ou par l'exercice des

dant la période républicaine, enregistrer la guerre pué-
rile qui y fut faite à tous les noms d'apparence nobiliaire.
En ce temps, on n'était pas né impunément avec un
nom qui ne fût de la plus évidente roture, et quiconque
avait la mauvaise fortune de trouver sa famille en possession de quelque petit signe vaniteux ou estimé tel,
devait se garder d'avouer qu'il fût de sa famille. Les
noms de terre se cachèrent ; on fit un holocauste des
particules ; et, quelquefois encore, le nom ainsi tronqué
et abrégé, se trouvant encore trop grand à la mesure

« vertus républicaines. — En s'occupant de cette rédaction, le comité
« a reconnu que la proposition demeurerait sans effet, si elle n'était
« soutenue de quelques articles destinés à détruire, jusque dans ses.
« racines les plus déliées, l'abus que vous voulez faire cesser.— Le
« premier devoir d'un législateur, son plus grand mérite, sont de dis-
« poser les lois de manière à en écarter le doute par la clarté, à en
« prévenir les exceptions par la prévoyance, à en assurer l'autorité
« par la justice.— Aussi, dans les dispositions répressives que nous
« allons vous proposer, nous croyons qu'il est sage de ne pas con-
« fondre celui qui commet la première faute et celui qui tombe en ré-
« cidive.— Le premier doit être condamné à un emprisonnement de
« six mois et à une amende que le tribunal correctionnel prononcera,
« tandis que celui qui tombe en récidive doit subir la peine de la dé-
« gradation civique que le tribunal criminel peut seul infliger.— En
« second lieu, *nous estimons nécessaire de sévir contre les fonction-
« naires qui pourraient se prêter aux vues ambitieuses de leurs con-
« citoyens.* C'est en détruisant tous les abus, en levant tous les
« masques, et en rendant toujours hommage aux principes de la mo-
« rale, que vous affermirez la République, et que vous conduirez à son
« terme la glorieuse révolution à laquelle vos travaux et votre courage
« ont imprimé un si grand caractère. — Voici le projet de décret :
« (suit le texte de la loi du 6 fructidor an II.) » — La Convention
adopte les articles. *Monit.* (réimp.), 8 fructidor an II, p. 542.

de la générosité républicaine, il fallait le jeter là et prendre, en attendant plus de tolérance, un nom de contrebande. En sorte que les lois de la république pourraient se résumer en deux mots : liberté absolue pour le citoyen de prendre le nom de famille qu'il trouve bon, pourvu qu'il ne choisisse pas toutefois de garder le sien. On rapporte une anecdote qui peint bien comment la liberté des noms, proclamée pour tous, fut toutefois opprimée chez quelques-uns : « En l'an II, un « citoyen se présente à une barrière de Paris ; avant « de lui livrer passage, on lui demande qui il est : Le « comte de Saint-Janvier, répond-il. — Il n'y a plus « de comtes. — Eh ! bien, de Saint-Janvier. — Mais « il n'y a plus de *de*. — Soit ! Saint-Janvier. — Mais « il n'y a plus de saints. — Eh ! bien, je m'appelle « Janvier, dit le voyageur, pensant qu'on n'exigera « pas davantage d'un homme si accommodant ; il se « trompait : — Il n'y a plus de Janvier, lui réplique-t- « on ; appelle-toi Nivôse. — Et il s'appela Nivôse ! » Je ne sais si ce malheureux, victime des susceptibilités républicaines jusque dans la dernière syllabe de son nom, a jamais existé ; mais ce que je sais, c'est que ce comte de Saint-Janvier représente bien, en l'an II, toute la noblesse et une partie de la bourgeoisie française.

Je finirai, Messieurs, sur ce trait moins triste, la triste histoire de la Révolution. Passons rapidement, en effet, sur un arrêté du 19 nivôse an VI, par lequel le Directoire rappelle à la stricte exécution de la loi du 6 fructidor an II, et aggrave les peines qu'elle édictait[1]; et arrivons à cette époque de restauration et d'apaisement intérieurs, par lesquels la France, au sortir de tant de violences et de ruines, guérissait sa lassitude sanglante et refaisait son génie éperdu.

VI.

C'est l'heure où l'on relève tout ce qui doit du vieux monde passer à la société rajeunie. Dans l'ordre religieux, le concordat restaure les autels ; dans l'ordre politique, le principe d'autorité s'affermit ; dans l'ordre social, les lois nous rendent la propriété et la famille, et la grande œuvre du Code n'est que la restitution de ces deux principes dont la révolution avait spolié la société.

Dans ce retour général du respect, et à ce moment où la famille est remise en honneur, les noms patrony-

[1] La loi du 6 fructidor an II punit les contrevenants de six mois d'emprisonnement et d'une amende du quart du revenu ; en cas de récidive, elle édicte la peine de la dégradation civique. Quant aux fonctionnaires qui laisseraient prendre aux citoyens d'autres noms que ceux admis par les articles 1 et 2 de la loi, ils sont punis d'une amende du quart du revenu et déclarés incapables d'exercer aucune fonction publique. L'arrêté du 19 nivôse an VI assure, dans son article 1er, la poursuite des délits prévus par la loi de l'an II, poursuit, dans son article 2, les officiers publics délinquants des peines et dans les formes des articles 384 et suiv. du Code du 3 brumaire an IV, et déclare, dans l'article 3, tous les agents du Gouvernement obligés, sous peine de destitution, de dénoncer les délits venus à leur connaissance.

miques vont, eux aussi, retrouver le respect et l'honneur ; nous pouvons croire à ce pronostic qui, tant de fois éprouvé, ne nous a pas trompés. En effet, en même temps qu'il rendait au mariage sa dignité, à la puissance paternelle ses sanctions, à la propriété son hérédité si utile à l'esprit de famille, le Code, dans le titre des actes de l'état civil, assurait la transmission invariable du nom patronymique. La prévoyance attentive avec laquelle la loi établissait la preuve de la filiation profitait au nom qui fait l'âme de cette preuve, et l'organisation sévère de tous les actes publics, sur lesquels s'appuierait à l'avenir le règlement souverain de notre état civil et de nos droits, nous apprenait à respecter de nouveau ce signe de la famille, auquel l'intérêt désormais pourrait, à défaut de l'affection, attacher notre fidélité.

C'était, en assurant l'immutabilité du nom, affermir le grand principe moral de solidarité dans la famille. Le nom redevenu héréditaire, c'était la transmission assurée de l'honneur comme du déshonneur au foyer; c'était une force pour le bien, une énergie contre le mal, rendue à cette société qu'on reconstituait. Mais ce n'est là, Messieurs, que la moitié d'une bonne loi : il faut encore autre chose.

Si, en effet, la responsabilité si utile du bien et du mal est, en principe, héréditaire dans la famille, elle ne doit pas l'être jusqu'à être implacable ; il y a des noms si prodigieusement pleins d'infamie et de honte, qu'il n'est point permis à la société d'en infliger à un fils innocent l'écrasant et mortel fardeau. Il faut pour lui

un moyen d'effacer de son front le stigmate douloureux
que chaque jour y fait renaître, sans qu'il l'ait mérité un
jour ; et la loi doit organiser des transactions équitables,
entre les exigences de l'ordre public qui consacre l'immutabilité des noms patronymiques et la douceur des
mœurs qui appelle parfois à ce principe des tempéraments prévoyants. On sent, dans les discours
de Miot et de Challan [1] qui précèdent la loi de l'an XI
dont je vais parler, qu'au lendemain d'une révolution, où
on avait touché à toutes les extrémités du bien et du
mal, une loi, qui permettrait de dépouiller des noms devenus trop célèbres, ne serait point un bienfait incom-
pris. Hélas! cette opportunité est de tous les jours, et,
même au milieu des temps les plus calmes, la faculté
de fuir un nom déshonoré par le crime ne cesse jamais
de rencontrer son application tristement généreuse!
Puis, à côté de ces changements de nom impérieuse-
ment sollicités par l'indulgence sociale, il y en a d'autres
moins utiles et cependant dignes encore de préoccuper
le législateur. Qui dira comment certains noms, long-

---

[1] Miot : « Vous remarquerez, législateurs, qu'aucune disposition
« ne laisse aujourd'hui à celui, qui, dans les orages de la révolution,
« a reçu d'un père ou d'un ami un nom qu'il peut rougir et s'in-
« quiéter de porter, la faculté d'en changer et de lever l'obstacle d'o-
« pinion, il est vrai, mais souvent si puissant, qui pourrait, pendant
« le cours de sa vie, s'opposer à son avancement et à sa fortune. » —
Challan : « Je pourrais vous citer beaucoup d'exemples qui prouve-
« raient que la prévoyance du Gouvernement n'est pas une précaution
« vaine, surtout après une révolution également fameuse par l'éclat
« des grandes vertus qu'elle a développées et par les excès opposés. »

temps soufferts sans impatience, ont tout-à-coup excité,
chez ceux qui les portent, des regrets et je ne sais quel
malaise? Partout où la bizarrerie de ces noms les pré-
cède, le sourire les accueille ; et, chaque fois que reten-
tit l'annonce de cette sorte de quolibet qui leur tient
lieu de désignation héréditaire, les visages, comme dé-
ridés par une épigramme avant-coureuse, les saluent
d'un air qui a peine à être grave. Les petits ennuis sont
aussi les plus intolérables ; on se lasse d'être l'objet
d'une plaisanterie assidue à vous suivre sans cesse, on
se fatigue de voir renaître toujours le même sourire
autour de soi. Il arrive donc que cette obsession inno-
cente décourage, chez quelques-uns, la piété filiale, et les
dissuade de s'appeler comme leur père. L'ordre public
n'est point sans doute intéressé à maintenir les noms
ridicules chez ceux à qui ils sont échus, et à prolonger
cette punition imméritée d'une moquerie, qui, pour être
sans esprit, n'en est pas moins irritante. Ce sera là une
nouvelle cause de changement de nom. On en pourrait
signaler d'autres encore : N'arrive-t-il pas que des familles, honorées des meilleurs noms, ont la légitime ambition d'obtenir un partage meilleur encore? Si, par
exemple, unies par les femmes à l'illustration mourante
d'un nom qui s'éteint, elles regrettent de voir disparaître
de la vivante activité du présent ce symbole, qui veut dire
loyauté, fierté, fidélité et justice, si elles souhaitent de
le relever pour l'honneur du passé et l'exemple de l'avenir, n'est-ce pas là un vœu digne d'être écouté? Le pouvoir n'a-t-il pas intérêt à raviver ces noms qui parlent

de dévoûment à la chose publique, et à soutenir, en les perpétuant, la pieuse émulation de toutes les noblesses qu'ils expriment? Pour satisfaire ces aspirations, plus profitables encore au bien public qu'à la vanité privée, il faut donc au pouvoir régalien la liberté d'autoriser les changements ou additions de nom. Il est vrai que c'est là, pour lui, une attribution délicate entre toutes et où on pourra le voir faillir; il est vrai que ces échanges de noms pourront, à des époques mauvaises, dégénérer en trocs indignes où l'on payera en abaissements secrets ce qu'on semblera recevoir gratuitement de grandeur. Mais mieux vaut faillir une fois de la sorte à satisfaire des vanités humiliées, que de se condamner par avance à ne jamais accueillir les demandes sérieuses de changements de nom, qui sont l'engagement solennel de mieux faire que la foule et de maintenir toujours, devant elle et contre elle, les plus fières traditions de la vertu et de l'honneur !

Ces motifs déterminèrent la promulgation de la loi du 11 germinal an XI ; sans doute, les deux premiers furent seuls invoqués ; le dernier était trop peu égalitaire, pour être avoué à une époque qui se croyait encore républicaine. Mais, au fond, on le pressentait déjà, et, quand plus tard la loi de l'an XI sera appliquée à ressusciter les noms illustres et à refaire l'aristocratie qui s'en va, nul ne protestera qu'onl a détourne de son but: son esprit allait jusque-là.

Son principe, Messieurs, est d'affirmer le droit régalien, dont le dégagement avait été chez nous si laborieux

au commencement des temps modernes. On a vu par
quelle mauvaise fortune les lois, où nos rois s'attribuaient
comme leur prérogative exclusive la faculté d'autoriser
tous changements de nom, étaient successivement de-
meurées sans force, et comment l'usage de cette prérogative contestée, établissant lentement, indirectement et
sans effort le principe auquel les résistances populaires
faisaient échec, avait seul pu attester et sauver un droit
aussi essentiel au pouvoir. Aujourd'hui, le doute est im-
possible ; de tous les droits régaliens le plus clairement
affirmé est celui-là, grâce à l'art. 4 de la loi du 11 germinal an XI.

Nous l'avons dit : ce droit veut une discipline sévère et
doit se défier de lui-même. Aussi la loi lui impose des
garanties. Afin d'écarter les faveurs trop faciles, on prononcera dans la forme des règlements d'administration
publique (art. 5). Puis, selon la vieille et loyale expression du temps passé, le pouvoir ne prononcera que
sauf son droit en autres choses et l'autrui en toutes...
Les familles dont le nom se trouverait usurpé ou com-
promis par les décrets souverains, auront droit d'oppo-
sition, dans l'année de leur publication au Bulletin des
lois ; et, sur leur requête, la concession surprise sera
révoquée, les confusions réparées et les usurpations ré-
primées (art. 6 et 8). Le pouvoir, d'ailleurs, n'entend
pas effacer, devant la juridiction administrative, la juridiction civile ; les questions d'état et les rectifications
d'actes de l'état civil emportant changement de nom
demeurent, selon les principes du Code, sous la sauve-

garde normale des tribunaux. C'est là, en peu de mots, l'économie de la loi de l'an xi.

Après elle, l'Empire, la Restauration et la monarchie de Juillet auront peu à nous apprendre. Ils n'ajouteront point à ce système maintenant complet; ils le pratiqueront seulement d'un esprit plus ou moins fidèle. En effet, les garanties se sont achevées, et rien n'y manque désormais : d'une part, la loi de l'an ii et le Code attestent l'hérédité et la propriété du nom; de l'autre, la loi de l'an xi y souffre les mutations autorisées par de graves raisons d'équité ou de politique. C'est une page de législation où toutes les idées essentielles sont fixées d'une main prudente et équilibrées dans un juste tempérament; ni l'ordre public n'y affirme, avec une énergie insolente et dure, l'immobilité inintelligente et inflexible du nom; ni les caprices de changement et les écarts de la liberté individuelle n'y sont encouragés par trop de facilité, la loi est là pour en modérer les empressements intéressés. Rien d'important ne sera donc désormais ajouté ou effacé à cette page, dont la sagesse mesurée et ferme peut étonner au lendemain d'une révolution; elle marque ce point critique, auquel toute législation arrête sa formule dernière, fixe son expression définitive, et où le temps opère enfin l'habile et discrète combinaison des principes contraires entre lesquels a hésité le passé. Le passé est là, en effet, Messieurs, dans tous ses traits. L'hérédité romaine y est; mais le génie frank y est aussi, pour permettre sagement de déroger à cette hérédité; et la sou-

veraineté royale, enfin, qui s'était établie au moyen-âge
l'arbitre de ces dérogations et la conciliatrice des rigueurs romaines avec la facilité franke, trouve, dans le
pouvoir régalien de la loi de l'an xi, le successeur de sa
mission de pondération. Et c'est ainsi que, du travail
lent et laborieux des siècles et de la confusion de toutes
les civilisations, sort enfin l'unité originale de la loi moderne.

VII.

L'Empire, qui, le premier, trouvait cette législation
achevée, ne devait point hésiter à en étendre les garanties à tous. Vous serez étonnés d'apprendre, Messieurs, qu'en l'an de grâce 1808, toute une classe de
citoyens persistait à n'avoir pas de noms fixes; les juifs
d'Alsace, en effet, refusaient encore d'en adopter
l'usage. L'étrangeté opiniâtre de ces résistances s'ex-
plique toutefois : dès qu'un intérêt quelconque les y
sollicitait, ils changeaient de nom, et ces métamor-
phoses secourables leur permettaient d'échapper également et aux engagements privés et aux charges publiques [1]. Cette liberté, deux fois utile, sans doute, mais
d'une bonne foi deux fois douteuse, ne pouvait vivre
sous une législation affirmant désormais avec une si
ferme autorité l'hérédité salutaire du nom; le décret
du 20 juillet 1808 y mit fin. Dans les trois mois, les juifs
durent avoir choisi et déclaré à la municipalité un nom

[1] Merlin, *Rép.*, v° *Nom*.

héréditaire, et, si leur choix tardait, le bannissement les attendait. Ces dispositions furent étendues, le 18 août 1811 et le 12 janvier 1813, mais avec des pénalités moins menaçantes, à nos départements hollandais et hanovriens. C'était porter loin, pour en jouir peu, le principe d'une régularité dont un retour de fortune allait transporter à d'autres le bienfait. Mais qu'importe? n'était-ce pas toujours servir ce principe que l'affirmer au-delà comme en-deçà des limites du territoire? et n'était-ce pas encore travailler à en restaurer, chez nous et à notre profit, l'autorité, que d'en porter chez nos voisins l'exemple afin qu'ils nous le renvoyassent à leur tour?

Mais l'Empire rendait encore un autre et plus illustre témoignage au principe, en faisant rentrer et dans la législation et dans les mœurs l'usage interrompu d'honorer, par l'éclat du nom, la tradition héréditaire des vertus, de la gloire et des hautes actions. La main puissante et fière qui avait comprimé la Révolution sous l'Empire, venait de rétablir la noblesse; Napoléon pensait que ce serait une excellente monnaie morale pour rétribuer le mérite, ou ce qui ressemble le mieux au mérite, les services. Les titres reparurent, et les titres emportèrent des noms nouveaux. Ces souvenirs de Montebello, de la Moskowa, de Bellune, et tant d'autres, qu'on consacrait comme les itinéraires de nos grandes victoires ou les titres de nos grandes conquêtes, devinrent naturellement des noms patronymiques; et la fonction, si j'ose le dire, de ces noms, dans la société nou-

6

velle, fut d'attester que la vieille tradition, si utile au bien public et si légitime, se renouait, et qu'à bien servir son pays on pourrait, de nouveau, conquérir la meilleure, la plus noble et la plus pure des récompenses, et faire participer avec soi sa famille et son nom au prestige des grands souvenirs et des reconnaissances nationales.

La Restauration continua, en ce dernier point, l'œuvre de l'Empire. Sous son influence, la réaction se marqua et s'accusa plus vivement encore dans les mœurs, et la réhabilitation politique et sociale du principe de solidarité dans l'honneur du nom s'acheva en France. Tous les grands noms d'autrefois, qui n'étaient point tombés sous la hache révolutionnaire, refleurirent d'eux-mêmes ; des octrois royaux ressuscitèrent ceux qui avaient péri jusque dans leurs derniers rameaux. On a souvent taxé de partialité reconnaissante de la part de la royauté, ou d'étroitesse aristocratique de la part des hautes classes, cette réaction, mais à tort. Le respect public, professé par le gouvernement du pays pour certains noms, et la complaisance des anciennes familles pour leurs souvenirs domestiques profitaient à tous ; ce respect descendait des plus illustres aux plus modestes ; et le mouvement des mœurs ne demeurait ni un privilége stérile ni un bienfait exclusif. Nous en recueillons tous aujourd'hui le bénéfice, dans le principe de propriété que la jurisprudence civile et administrative commença alors à développer avec une remarquable sagesse et un esprit de libérale égalité ; la propriété du nom reçut, dans

des décisions qui forment maintenant notre sauvegarde
commune, toutes ses légitimes déductions ; les lois furent généreusement interprétées, et le droit individuel,
sans distinction de grands et de petits, en sortit plus
libre, plus dégagé et plus sincèrement honoré.

Le gouvernement de Juillet, comme la Restauration,
n'apporta aucune modification législative aux principes,
désormais arrêtés, de la loi des noms. Mais il encouragea indirectement dans les mœurs une réaction toute
contraire à celle qu'avait vue la Restauration. Il fut un
jour où l'on déclara à la chambre qu'aucune protection
n'était due aux noms d'aspect nobiliaire pas plus qu'aux
titres de noblesse, et que chacun était libre de s'en attribuer le vain ornement. La justice de Molière était réservée à ces usurpations ; le législateur déclarait n'en pas
vouloir appliquer d'autre[1]. Cette maladresse, qui déguisait mal la jalousie dont elle s'inspirait, mit, chez beaucoup, l'attachement au nom héréditaire à de trop rudes
épreuves. On le changea, on le transforma, on le fit
noble peu à peu ; la menace des risées publiques, destinée
à effrayer ces usurpations clandestines, les encouragea

---

[1] V. *Monit.*, 7 déc. 1831 ; p. 2333 ; Discussion de l'art. 259, C. P. ;
Amendement de M. Bavoux ; Obs. de MM. de Lameth, de Lafayette,
et Charlemagne. Ce dernier disait : « C'est le ridicule qui doit faire
« justice des écarts de la vanité. Que nous importe que notre voisin
« se qualifie d'un titre féodal qui ne lui appartient pas ! Le premier
« jour, on hausse les épaules ; le deuxième, on rit ; le troisième, on
« n'y pense pas. Le vrai législateur en ce cas, c'est Molière. Il ne faut
« pas traduire M. Jourdain sur les bancs de la police correctionnelle,
« mais sur le théâtre : les risées du public en font bonne justice. »

par son impuissance complaisante. L'abus, ajourné
avec tant de confiance par le législateur au tribunal de
l'opinion, y trouva d'abord une justice plus railleuse
que sévère, s'y concilia bientôt une indifférence dédai-
gneuse, et finit par y gagner une faveur indulgente,
presque bienveillante. La malignité du sens populaire
fut moins incorruptible qu'on ne l'avait pensé; les juges
furent pris d'émulation pour le travers qu'on leur dé-
férait; et, là où on espérait des censeurs, on ne trouva
bientôt plus que des complices.

C'était une faute de livrer ainsi à la garde infi-
dèle des ambitions vulgaires le principe d'hérédité du
nom. Quelques-uns absolvent assez volontiers cette
faute. A quoi bon, disent-ils, protéger, par des lois, des
distinctions vides de sens, de réalité, de droits et de
prérogatives? pourquoi chacun ne prendrait-il point,
selon sa vanité et sa fantaisie, un ornement innocent
et puéril? quel dommage dans ces usurpations de gen-
tilhommerie et de noblesse? là où il n'y a pas de détri-
ment, il convient de rire et non de frapper, d'opposer le
ridicule et non la loi! Pour tenir ce langage, il faut n'a-
voir pas mesuré tout le danger des vanités qu'il excuse:
à côté de l'usurpation d'une fausse noblesse, n'y a-t-il pas
la désertion du vrai nom paternel? Voilà le mal: il est
grave. « Ce qui me scandalise le plus— a dit, dans une
« page spirituellement émue, un écrivain de l'école dé-
« mocratique, qui savait, pour les avoir exercés souvent
« avec bonheur, les vrais droits de la raillerie — ce qui
« me scandalise le plus, quand je vois un bourgeois

« s'affubler de noblesse, ce n'est pas qu'il prend un
« nom d'aristocrate, c'est qu'il quitte le nom de son
« père et le sien. Le nom de famille, c'est un héritage,
« c'est une propriété, la plus petite en apparence si le
« nom est obscur, mais la plus solide, la plus inalté-
« rable. Depuis de longues années, les terres de la fa-
« mille ont été partagées et vendues ; les pieux souve-
« nirs du champ natal ne l'ont pas sauvé de l'encan ;
« les maisons sont tombées en poussière ; l'argent a
« coulé de main en main. Seule, cette petite propriété,
« le nom, a duré pendant des siècles ; seule, elle a
« défié les efforts du temps et les vicissitudes de la for-
« tune ; seule, elle est le passé ; seule, elle est l'avenir ;
« seule, vous la transmettez à vos fils comme vous l'a-
« vez reçue de vos pères. Si l'imagination, embrassant
« du regard cette vaste destinée de quelques lettres
« rassemblées, évoquait le souvenir de la famille pas-
« sée et l'espérance de la famille future, tous ces aïeux
« inconnus qui ont répondu comme vous à ce nom
« gravé sur leurs tombes, tous ces petits-fils inconnus
« qui le bégayeront dans leurs berceaux ; si l'esprit de
« propriété et l'esprit de famille, ces deux fortes atta-
« ches du cœur de l'homme, ces dieux lares du foyer,
« se réveillaient en nous et se fortifiaient l'un par l'au-
« tre, peut-être notre nom, tout plébéien qu'il est, re-
« devenant le signe de ces choses sacrées, reprendrait-
« il à nos yeux son véritable prix ; peut-être, en re-
« couvrant le prestige oublié de son antiquité et de son
« avenir, semblerait-il briller, dans son obscurité, d'un

« rayon de poésie ; peut-être, au lieu d'abjurer notre
« famille en rejetant son nom pour le nom seigneurial
« d'une terre ou d'un château, penserions-nous plus
« souvent comme Horace, qui, né de parents pauvres,
« ne les aurait pas changés contre des aïeux patriciens ;
« peut-être agirions-nous plus souvent comme Fabert,
« qui refusa le cordon bleu de la main du grand roi,
« pour ne pas renier son père le marchand d'alma-
« nachs. Cette poésie du nom paternel, qui décore les
« noms les plus modestes, entoure les plus nobles d'un
« plus illustre éclat ; et, si la noblesse ainsi comprise
« n'est plus qu'une idée, elle est du moins une grande
« idée, et ce n'est être ni sage ni vraiment libéral que
« de tourner en raillerie l'attachement des familles pa-
« triciennes pour leurs noms héréditaires [1]. » Ces principes si judicieux et si salutaires de fidélité avaient été com-
promis par l'insouciance inhabile du législateur de 1832,
qui, pensant ne dépouiller que la noblesse de ses garanties, avait travaillé à affaiblir chez tous le respect et l'attachement pour le nom paternel : il fallait une réparation.

Nous la devons à la loi du 28 mai 1858. Désormais
quiconque, en vue de s'attribuer une distinction honorifique, changera et altérera le nom de sa famille
constaté par son état civil, ne le fera qu'à ses risques
et périls, et à peine d'amende. C'est, en rendant
justice à un droit trop légèrement sacrifié autrefois,
rendre aussi service à une vérité désertée, et encoura-
ger, par un acte d'équité vis-à-vis de quelques-uns, la

[1] Hippolyte Rigault, *Œuvres*, t. IV, p. 381.

fidélité au nom si profitable à tous. La loi de 1858
trouva son complément dans le rétablissement du Conseil du sceau des titres, qui devait exercer une haute
inspection sur les questions de nom emportant distinction honorifique et nobiliaire [1]. Enfin, une plus grande
publicité fut imposée aux demandes de commutation
de nom, et par là une garantie dernière fut assurée au
principe de propriété [2].

Ce retour à un sentiment plus vif de l'invariable immutabilité du nom, opéré sous l'influence des institutions
démocratiques d'aujourd'hui, est un heureux augure,
et semble annoncer, malgré tant de signes douteux,
qu'un respect plus sérieux de la famille rentre dans
nos mœurs. Le dernier mot de cette histoire est donc
un progrès, et sa conclusion une espérance. Elle dément
cette prédiction attristée, que le régime de l'égalité
moderne se ferait l'ennemi du principe de la propriété
du nom. Ce serait un malentendu fâcheux, Messieurs :
tous les noms purs sont égaux, et, quelle que soit leur
date, le respect leur sied aussi bien. Pour moi, je sais
m'incliner avec une égale émotion devant tous les souvenirs glorieux de mon pays, depuis les guerriers qui
versaient leur sang chevaleresque pour la liberté française aux inutiles désastres de Crécy et d'Azincourt,
jusqu'à ceux qui dévouaient pour l'indépendance nationale leurs poitrines plébéiennes aux inutiles victoires de
Champaubert ou de Montmirail ; depuis les vieux parle-

[1] Décret du 8 janvier 1859, art. 1 et 6 *in fine.*
[2] *Ibid.*, art. 9.

mentaires, portant avec tant de science et de bonne fierté
l'hermine qu'ils ne savaient humilier ni devant la volonté royale ni devant la force populaire, jusqu'à la ma-
gistrature moderne, à qui la science n'est pas moins naturelle et la loyauté moins facile ; depuis les illustrations
d'autrefois, jusqu'aux illustrations d'aujourd'hui ; depuis
ce qu'il y eut de grandeurs, de générosités, de dévoûments et de vertus aux époques d'inégalité, jusqu'à ce que
notre époque égalitaire a fait éclater de grandeurs, de
générosités, de dévoûments et de vertus à son tour. Le
principe de l'hérédité du nom est bon et convient à la
démocratie. L'honneur qui tombe sur les grands noms
n'est pas une injure qui revienne nous frapper au visage
et insulter à notre modestie ; c'est une émulation, un
enseignement et un exemple de celui que l'on peut s'ac-
quérir, surtout en démocratie, à servir la chose publique, à faire loyalement le bien de son pays selon ses
forces et son cœur, à être honnête et droit avant toute
chose ! Gardons, Messieurs, le respect des noms, et ne
nous associons pas à de basses et envieuses jalousies ; si
les noms sont l'honneur du pays quand ils sont illustres,
ils sont l'honneur de la famille quand ils sont modestes.
Ce sont choses qui se valent. Pour qui aime sa famille,
son nom vibrera toujours mieux au cœur que le nom
d'autrui, si éclatant qu'on le veuille ; il le trouvera assez
noble s'il est honorable, assez fier s'il est respecté, assez
beau s'il est pur !

PARIS. — IMPRIMERIE DE V. GOUPY ET Cᶜ, RUE GARANCIÈRE, 5.

www.ingramcontent.com/pod-product-compliance
Ingram Content Group UK Ltd.
Pitfield, Milton Keynes, MK11 3LW, UK
UKHW022114070726
13613UKWH00003B/1065